潮ワイド文庫——002

『民衆こそ王者』に学ぶ 婦人部 母たちの合掌《いのり》

潮出版社

本書は、単行本『民衆こそ王者——池田大作とその時代』から抜粋し、再構成したものです。第一章から第四章では、創価学会の愛唱歌「母」や「第一次宗門事件」の歴史が婦人部の視点から描かれています。第五章から第八章は、看護に従事する「白樺グループ」「白樺会」をめぐる様々なドラマが綴られています。

編集部

『民衆こそ王者』に学ぶ

婦人部 母たちの合掌《いのり》

◆

目次

装丁＝金田一亜弥
カバー写真＝新潟・瓢湖にて

第一章 「母」の歌の誕生

一九八六年（昭和六十一年）十月、東京・新宿文化会館。創価学会の新宿区長だった松岡資《おさむ》は、池田大作から託《たく》された一冊の本を、一人の婦人に手渡した。『栄光の山口』と題された、山口県創価学会の歴史を綴《つづ》った写真集である（聖教新聞社山口支局編）。発行日は十月九日。完成したばかりだった。「なぜ新宿の婦人に贈られるのか、不思議に思いました」（松岡資）。

表紙を開いた。「十月八日」の日付とともに、池田の直筆で大きく、

偉大なる
母に捧《ささ》ぐ

と記されていた。その言葉を目にした原島かほる（新宿常勝区婦人部主事）は、写真集を手にしたまま「あぁ」と一言発《はっ》し、ぽろぽろと落涙《らくるい》した。

「大丈夫ですか」と尋ねられ、「私の母は……」。かろうじて、かほるは答えた。「母

の鈴子はあの時、池田先生が指揮を執《と》った山口での弘教《ぐきょう》に駆《か》けつけたんです。もう三十年も昔です。その母が亡くなってから十六年も経っています。まさか、覚えていらっしゃったなんて」。

その写真集には、一九五六年（昭和三十一年）秋から数カ月にわたった、「山口闘争」（単行本『民衆こそ王者』第四巻で詳述）と呼ばれる弘教の日々が記録されていた。鈴子の小さな顔写真も載っていた。

今世《こんぜ》で会えるのか

「家は平屋《ひらや》で、国鉄の小岩《こいわ》駅近く。最初に学会に入ったのは長兄《ちょうけい》の哲夫でした」（原島かほる）

哲夫は十七歳で敗戦を迎えた。特攻隊《とっこうたい》の生き残りだった。「復員《ふくいん》して、明治大学の学生時代、ずいぶん荒れた生活を送り、結核《けっかく》で亡くなる直前、信心に巡《めぐ》りあったのです」。

哲夫は母の鈴子に「この御本尊《ごほんぞん》を守りぬいてくれ」「永遠の生命を説き明かした仏法だから」と言い残して逝《い》った。小岩支部の初代支部長を務めた和泉覚《いずみさとる》は、哲夫の通夜《つや》の席で「御書《ごしょ》（日蓮《にちれん》の遺文集《いぶんしゅう》）の通りの、見事な成仏《じょうぶつ》の相《そう》だ」と感嘆している。その日、鈴子は亡き息子の遺志《いし》を継いだ。一九四八年（昭和二十三年）六月。笠置《かさぎ》シヅ子の「東京ブギウギ」が大ヒットし、美空ひばりがデビューした頃だった。

鈴子の夫・方雄《まさお》は戦中、近衛師団《このえしだん》に所属し、憲兵《けんぺい》を務めた。獄死《ごくし》した創価学会初代会長、牧口常三郎《つねさぶろう》のことも、共に入獄《にゅうごく》した第二代会長の戸田城聖《じょうせい》のことも知っていた。「不敬罪《ふけいざい》の輩《やから》が始めた信心などできるか」。強烈に反対し、しばしば鈴子を殴《なぐ》った。「母は『軍国主義の化石《かせき》になった主人に、必ず題目《だいもく》を唱えさせてみせる』と言っていました」。

◇

二男二女を育てながら、鈴子は九州にも弘教へ赴《おもむ》いた。青函《せいかん》連絡船の三等室で揺られ、北海道の旭川にも行った。自宅は小岩支部の座談会場として賑《にぎ》わった。「山谷《さんや》のドヤ街から通う男子部員もいました。高校生の私は、よく玄関で皆の履物《はきもの》を揃《そろ》えました」。娘のかほるは「まともな靴《くつ》が本当に少なかった」と振り返る。「左右の違う下駄《げた》や草履《ぞうり》が余って困りました」。

ある日、鈴子は夢を見た。長男の哲夫が現れ、「ぼくは生まれ変わるからね」と笑った。ちょうどその日、戸田城聖を囲む会合があった。あの子の生命は、新しく生まれたのだろうか――。「戸田先生に質問したやりとりを、母は繰《く》り返し語ってくれました」（原島かほる）。

「息子に会えるでしょうか」。すがるように鈴子は尋ねた。「鈴さん」。度の強い眼鏡をかけた戸田は、にっこり微笑《ほほえ》みながら語った。「この戸田には、会えるとも、会えないとも言えない。それは、己《おのれ》の信心で感得《かんとく》するものだよ」。

戸田は別の質問会でも、自身の体験を通して語っている。

「私は、年二十三で『ヤスヨ』という子供をなくしました。女の子であります」。幼くして逝《い》った娘を一晩中、抱いて寝たこと。その時はまだ信心をしていなかったこと……。「今世《こんぜ》で会ったといえるか、いえないか……。それは信心の感得の問題です。私はその子に会っております」（『戸田城聖全集』第二巻、聖教新聞社）。

鈴子は終生《しゅうせい》、この戸田の言葉を抱きしめて生きた。「『会える』。そう母は確信し、楽しみにしていました。下町の青年部を、わが子と同じように面倒《めんどう》を見ました」。

亡き息子との約束を果たした母

「すごい人が座談会に来るから、信心させたい人を呼べるだけ呼ぶのよ」。鈴子が地区の人たちに言ったのは一九五三年（昭和二十八年）。担当者として訪れたのは白い開襟《かいきん》シャツ姿の池田だった。十数人の新来者《しんらいしゃ》全員が入会した。

「こんな人がいるのか」。かほるは目を見張った。

鈴子が脊椎《せきつい》カリエスと結核に苦しむなか、夫の方雄が高利貸《こうりが》しに借金をつくり、家を飛び出したこともあった。借金取りが自宅の床《ゆか》に短刀《たんとう》を突き刺した。「母はその借金取りにまで仏法を語りました」。鈴子が苦労して借金を返し終えた頃、方雄が戻ってきた。晩年、家族と並んで題目を唱えた。

「貧しくても、いつしか不思議と母が祈った通りの家族になっていました」

「山口闘争」が始まったのは、方雄が亡くなって間もなくだった。「母は『池田先生のお手伝いに行く』と言って、片道分の汽車賃《きしゃちん》だけを持って向かいました。帰りの汽車賃は、きょうだいの働き頭《がしら》だった姉の貞子が工面《くめん》して、下関《しものせき》に送ったんですよ」

とかほるは笑う。

下関、宇部《うべ》……池田のリーダーシップのもと、県下《けんか》を駆けた。四〇〇世帯超から四〇〇〇世帯超へ、約十倍の拡大を成し遂《な》《と》げた、創価学会の歴史に残る山口闘争。その一角《いっかく》を堂々と担《にな》った。

六十六年の生涯を終えるまで、鈴子が弘教した数は「二一〇〇世帯を超えた」とも

「数えきれない」とも言われる。「他人の幸せのために、どこまでも行く母でした。永遠の目標です。今も北海道や山口県から『鈴子さんのおかげで今のわが家がある』と手紙が来ます。学会には母のような方がたくさんおられます」。

池田は鈴子の健気《けなげ》な生涯を偲《しの》んで、『忘れ得ぬ同志』（聖教新聞社）に綴っている。〈折伏《しやくぶく》によって立ち、折伏に走り、折伏行《しやくぶくぎよう》に生死をともにしたこの母……私は、鈴子さんを「母の曲」で包みながら、永遠の学会婦人の象徴としてたたえたいのである〉。

◇

これまで池田は、自《みずか》らの宿命と闘いながら周りの人々を大きな慈愛《じあい》で包む、幾多《いくた》の女性たちを心から讃《たた》えてきた。その思いの凝縮《ぎようしゆく》した詩がある。

七一年（同四十六年）十月四日、新大阪駅近くの東淀川《ひがしよどがわ》体育館。関西婦人部幹部会の席上、一篇《いつぺん》の詩が朗読された。

母よ！
おお　母よ
あなたは
あなたは　なんと不思議な力《ちから》を

なんと豊富な力を　もっているのか
……
母という慈愛には
言語の桎梏《しっこく》もない
民族の氷壁《ひょうへき》もない
イデオロギーの相克《そうこく》もない
爽《さわ》やかな畦道《あぜみち》にも似ていようか
人間のただ一つの共通の感情
――それは母のもつ愛だけなのだ

現在、創価学会で歌われている「母」の歌の原型となった、池田の長編詩「母」である。その壇上《だんじょう》には、東京から駆けつけた池田の妻、香峯子《かねこ》の姿があった。

担当幹部だった山崎尚見《ひさみ》（最高指導会議員）。「大阪への行き帰りに同行しました。『心に刻《きざ》まれる母の詩ですね』『発表できてよかったですね』と笑顔で何度もおっしゃいました」。詩を朗読した平塚貞子（総神奈川婦人部総主事）。「奥様がお持ちになった最終の原稿にまで、先生からの直しが幾《いく》つも書き込まれていました」。

池田は強調する。

母よ
そして母よ！
あなたのその慈《いつく》しむ愛の力を
断じて孤立《こりつ》させてはならない

創価学会の歴史は、母を励まし、母に力を与え、母を鼓舞《こぶ》し続けた歴史でもある。その一端《いったん》を辿《たど》りたい。

独房《どくぼう》での呻吟《しんぎん》

東京の創価婦人会館（現・信濃文化会館）に、池田香峯子がかき氷の差し入れをもって来たことがある。

一九七八年（昭和五十三年）六月十日。「その日は婦人会館の開館を記念して、関西婦人部が勤行会《ごんぎょうかい》を開いていました」（浜田幸美、大阪・布施大蓮圏副婦人部長）。その場で香峯子は語った。「わが家ではあの日以来、七月十七日には毎年、かき氷を食《しょく》しているんですよ」。

〝あの日〟——。中澤喜代子（豊中牧口圏副婦人部長）にも、似たような出会いがある。

「池田先生が会長を辞任された昭和五十四年の、七月十六日です」。池田の名代《みょうだい》として関西の会合に出席した香峯子と、婦人部の代表が懇談《こんだん》の機会をもった。「皆で一緒に」と中澤たちが用意した宇治金時《うじきんとき》を見て、香峯子は微笑《ほほえ》んだ。「かき氷は、主人が出獄《しゅつごく》した七月十七日、関西本部で戸田先生がご馳走《ちそう》してくださったのです」。

「静かに話されたあの姿を、生涯忘れることはできません」（中澤喜代子）

◇

五七年（同三十二年）七月。二十九歳の池田は、身に覚えのない公職《こうしょく》選挙法違反の容疑《ようぎ》をかけられ、大阪府警《ふけい》に出頭《しゅっとう》した。

なぜ冤罪《えんざい》が謀《はか》られたのか。

前年夏の参議院選挙の大阪地方区で、創価学会推薦《すいせん》の白木義一郎《しらきぎいちろう》が勝利。「〝まさか〟が実現」（「朝日新聞」）、「大番狂《くる》わせ」（「読売新聞」）等と大きな注目を集めた。既存《きそん》のどのような権威《けんい》、権力にも頼らない民衆勢力の台頭《たいとう》である。

五七年四月、参院の補選《ほせん》で学会推薦の候補が敗れ、一部の学会員に選挙違反者が出

大阪拘置所から出所した池田を、夫人の香峯子や学会員が迎える
（1957年7月17日）©Seikyo Shimbun

た。大阪地検《ちけん》は学会の組織的犯行であると決めつけ、すでに実質的な学会の柱となっていた池田を狙《ねら》い撃《う》ちにした。「〝自白〟しなければ戸田会長に手をかける」と恫喝《どうかつ》したのである。

やってもいない罪を認めるわけにはいかない。だが、すでに衰弱《すいじゃく》し始めている戸田を、真夏の牢獄《ろうごく》に入れさせることなど、絶対にあってはならない……。

独房での呻吟《しんぎん》の果てに、池田は戸田を守るため一身《いっしん》に責任を負い、真実を法廷《ほうてい》で明らかにし、正義を勝ち取る闘いを選んだ。

「至《いた》って天下泰平《たいへい》です」

「池田先生が大阪の東警察署におられると聞いたのです。京都から一目散《いちもくさん》に飛んできました」（徳野京子、総京都婦人部主事）

母の広谷キヌ、宮下芳郎（初代京都支部長）、親友の斎藤悦子と一緒に、大阪地検の前で一日中、待った。池田に差し入れを届けていた矢追久子（後に関西婦人部指導委員）とともに、拘置所《こうちしょ》の中にも入った。「そうした様子を詳《くわ》しく書き、東京に手紙を送りました」。池田の妻、香峯子宛《あ》てである。

この時、香峯子は二十五歳。長男の博正は四歳、次男の城久は二歳半だった。池田が勾留《こうりゅう》された七月三日から十七日の期間に、香峯子が関西の友へ送った手紙が残っている。

〈主人は前々より覚悟《かくご》の上の事。私も常々何時《いつ》の日か必ずある事は申《もう》され続けて居《お》りましたので、非常に元気でございます〉〈唯最后《ただざいご》の最后迄《まで》、戸田先生の御意志にそった行動をと、取越《とりこし》苦労とは思ひながら、念《ねん》じて居る次第《しだい》でございます〉（七月十二日、大阪市の奥谷チエ宛て）

徳野への返信には、池田の投獄について、こう綴られている。

〈仕組まれたワナと　今更分《いまさらわか》って見ましても　出来てしまった事　この無実の罪もきっときっと変毒為薬《へんどくいやく》できますものと信じて居ります〉

〈一日中待って下さって目的を達しなかったり、その待って下さいますお気持に　何と御礼申し上げて良いやら言葉もございません……主人もそれを知りましたなら、どんなに感激致《いた》します事でせう〉

日付は七月九日。池田の入獄から六日後である。手紙はこう続いていた。

〈子供達は　何も分らない年令ですし、主人の留守には慣れて居りますので　至《いた》って天下泰平《たいへい》です。私も毎日　戸田先生にお目にかかって居りますので、安心した毎日を

過《すご》して居ります。すべて　御本尊様《ごほんぞん》におまかせ申し上げて居ります〉

二十五歳とは思えない堂々たる確信と、同志へのこまやかな気遣《きづか》いに満ちた文面である。

◇

当時、家事をこなし子育てをしながら、一婦人部員として奮闘《ふんとう》していた香峯子。「あれは、大阪事件のあった昭和三十二年夏です」。東京・大田区に住む古川乃ぬ子《のぶこ》(婦人部副本部長)は回想する。「新蒲田《しんかまた》の座談会場に婦人部が集まっていたら、酔《よ》った男が会場に上がり込んだのです。近所でお祭りのあった日でした」。

その酔漢《すいかん》は下駄《げた》を投げたり障子《しょうじ》を破ったりして、会合の参加者たちは怖《こわ》がり、逃げだそうとした。その時、香峯子が皆に呼びかけた。

「泰然《たいぜん》として一言、『皆でお題目をあげましょう』とおっしゃり、くるりと振り返って御本尊に向かわれたのです」(古川乃ぬ子)。「その毅然《きぜん》とした態度に従《したが》い、皆で朗々《ろうろう》と唱題《しょうだい》を始めました。男は物を投げられなくなり、間もなく立ち去りました」(中村泰子、神奈川・中区婦人部主事)。

題目を終えた後、香峯子は「皆さん、ご苦労さまです」と言い、何事もなかったかのように会合を続けた。

「なんと一念《いちねん》の定まった人かと驚きました」（中村泰子）。今も忘れることはできないと語る古川。「その勇気ある姿と御本尊の力に感動しました」。

◇

「これまで、どんな状況になっても、母の態度は変わらなかった」。長男の博正は振り返る。

「幼い頃に起こった大阪事件も裁判闘争も一切、嫌な思い出が残っていません。父や学会に対する非難中傷《ひなんちゅうしょう》は数えきれないが、家庭の中では波風《なみかぜ》一つ感じたことはなかった。これはひとえに母の力だったと、今にして思います」

香峯子について池田は「何より第一の戦友ですから」と語る。

「私の真実をいちばん知っているのは妻ですし、妻の誠実とけなげさをいちばんわかっているのは、私だと思っています。妻との結婚は、私の人生にとって、かけがえのない幸せでした」（『主婦の友』一九九〇年一月号）。

二〇一一年（平成二十三年）七月、香峯子は入信七十年を迎えた。翌年五月は池田との結婚から六十年である。夫の入獄にも、微動《びどう》だにしなかった強さ。その原点を辿《たど》ると、一人の母の存在が浮かび上がる。

太平洋戦争下、思想弾圧《だんあつ》の時代に、初代会長の牧口常三郎を自宅に招いて座談会を敢行《かんこう》した、香峯子の母――白木静子である。

少女の眼に焼きついた座談会

おさげ髪の小学生だった香峯子は、「ずいぶんとお年を召《め》していらっしゃる方《かた》だなあ」と思った。目蒲線《めかません》（当時）の矢口渡《やぐちのわたし》駅。羽織袴《はおりはかま》の牧口常三郎は「よく来た、よく来た」と少女の頭をなでた。南を向くと多摩川の土手まで見渡せたというまばらな家並《いえな》みを、香峯子は牧口の手をひき、座談会場の自宅まで案内した。母の静子が寄り添っていた。

「白木のおばさんはよく言っておられました」。八十一歳の平田由美子（東京・大田区。婦人部副本部長）が語る。「『牧口先生を駅まで迎えに行く時も、私が娘に行きなさい、とか、やりなさい、とか言ったことはないの。うれしそうに自分から迎えに行ったのよ』と」。

少女時代の香峯子の眼に、自宅での座談会の光景が焼きついた。

「（牧口先生は）座談会に出られると一変《いっぺん》されて、背筋をピンとのばされ、音声朗々《ろうろう》、本当に威厳《いげん》がございました」「いつの間にか特高警察《とっこうけいさつ》が三人来て、庭に面した廊下《ろうか》にいて監視しているのです。牧口先生の話の途中で、『そこまで！　止《や》め！』と声が飛ぶ。今思うと、戦争遂行《すいこう》のための思想統一に神札《かみふだ》を強制するのは間違いだ、と言い切っておられた個所《かしょ》ですね」（一九九八年三月四日付「聖教新聞」）

座談会が終わり、香峯子は特高警察が怖かったと母に告げた。その時、静子は「牧口先生が毅然《きぜん》としておられるので、少しも怖くなかった」と語っている。殉教《じゅんきょう》の道を歩んだ牧口との出会いが、香峯子にとって信仰の原風景《げんふうけい》になった。

◇

「『信心したおかげでこの足が治ったよ』と笑って話す白木のおばさんと、よく折伏に歩きました」。九十一歳の町田セイ（蒲田常勝区婦人部主事）。「あの頃はお金もなくて、電車の一駅、二駅くらい歩くのは普通でした」。

白木静子は一九三二年（昭和七年）、香峯子を産んだ。産後、静脈炎《じょうみゃくえん》で足が腫《は》れて歩けなくなり、長年苦しんだ。隣人《りんじん》に勧《すす》められ、四一年（同十六年）七月十二日、白木家はそろって信心を始めた。

戦争で大半の最高幹部が退転し、牧口は獄死。学会は壊滅《かいめつ》した。敗戦後、戸田城聖が再建に立ち上がり、静子は蒲田支部の初代婦人部長として戸田を支えた。

「あれは日曜日の早朝でした。大森の知人に仏法対話しようと思い、白木さんに相談

したんです」（町田セイ）

「大森には素晴らしい青年がいるのよ。行っておいで」と静子から紹介され、「青葉荘」というアパートを訪ねた。白木宅の座談会で見かけたことのある青年が出てきた。池田だった。

「突然のお願いなのに嫌《いや》な顔一つせず『いいですよ、行きましょう』とおっしゃり、くるくると布団《ふとん》を巻いて出てこられ、すぐ一緒に向かいました。相手はまったく耳を貸さない年配の婦人だったのですが、先生は誠実に、丁寧《ていねい》に仏法の意味を話してくださった。今も忘れられません」（町田セイ）

◇

入信前は足が悪く、「一生涯、汽車の旅はできないと思っていた」という静子。活動範囲は埼玉の大宮、千葉の船橋、山梨、静岡の浜松、愛知の名古屋などに広がり、どの地でも「白木のおばさん」と呼ばれ、親しまれた。

「秋田には毎月、夜行列車で十二時間かけて通ってくださった。『是非《ぜひ》おらほの所にも来《き》てけれ』と頼まれ、男鹿《おが》地域にも来られました」。九十二歳の伊藤哲子（第一秋田総県婦人部総主事）は回想する。

「バスは朝夕に一往復ずつしかないという、片田舎で行われた座談会でした。そんな

香峯子の母、白木静子を囲んで節句を祝う（1982年3月）
©Seikyo Shimbun

場所まで白木のおばさんは足を運んでくださった」。静子の姿を手本に、伊藤は秋田支部の初代婦人部長として、東北の草創期《そうそうき》を奔走《ほんそう》した。

「福生《ふっさ》は交通の便も悪く、当時は東京の西の果てという感じでした」。そう言って笑うのは九十六歳の飯田モト（福生王者区婦人部主事）。

五九年（同三十四年）、福生駅に着いた静子を案内し、多摩川沿いを中福生会館まで歩いた。「ここまでは遠いね」と談笑しながら静子は「子どもは何人いるの？」と尋ねた。「五人です」。家族のことを細々《こまごま》と励まし、「あなたはいい人だから、一生懸命頑張ってね。西多摩を頼みますね」。

飯田モトの夫は信心に反対の限りを尽《つ》くした挙《あ》げ句《く》、多額の借金を残して蒸発《じょうはつ》した。

「残されたのは五人の子どもと布団、そして御本尊だけでした」。

東京二十三区と同じ広さの青梅《おうめ》線沿線《えんせん》を、モトは学会活動で歩きに歩いた。横田基地の米国軍人にも仏法を語った。

「白木婦人部長は温《あたた》かな人だった。あの一言が励みになりました」

現在、モトの子どもは五人全員、学会の第一線で活躍している。「今が一番幸せですよ」と笑顔で語った。

あせらず休まず

松浪利子（大田池田区婦人部主事）。家族の反対のなか、信心に励んでいた。「白木のおばさんからもらったハガキを、今も大切に保管しています」。

七円の郵便ハガキ。〈御本尊様の功徳《くどく》は数限り御座《ござ》いませんのでしっかりとにぎりしめてください〉〈一つ一つ願ひをかなえていただけることを信じ　あせらず休まず学会の婦人らしく清らかに……必ず御主人も判《わか》る時が来ます〉。細かな文字がつまっていた。

ある時、入会間もない婦人部員が白木宅の座談会に出席した。帰りに静子が蒲田駅まで見送った。踏切《ふみきり》を目にしたその婦人部員は、かつて人間関係に悩み、あまりのつらさに自殺しようとした時のことを口《くち》にしていた。

「踏切に飛び込もうと、何度思ったかしれません……」

じっくりと耳を傾けた静子。「ああ、もういいのよ、もういいの、そんな思いは。この信心を持《たも》てば、絶対にそんなことをしなくてもいいの」。力強く優しい声だったと、その婦人部員は回想する。

◇

「大阪南部の富田林《とんだばやし》にも通ってくださいました」(奥出三代子、南大阪総県婦人部総合長)。一九五七年(昭和三十二年)の春、静子は一カ月ほど大阪支部の近鉄沿線を担当した。一日中、個人指導に歩き回り、夕方には男女青年部が「白木のおばさん、いる?」と訪ねてきて、指導を求めた。

富田林の女子部だった益田ミチ子(婦人部副本部長)。先天性《せんてんせい》の股関節脱臼《こかんせつだっきゅう》で左足に障がいがあった。「よく個人指導にご一緒しました。私の家族が猛烈に信心反対で、と相談したら『みっちゃんのお家《うち》に行こう』と」。

益田の母は「うちの娘、よう説明せえへんもんやから、何やってるかわからへん」

と文句を言った。「白木のおばさんが学会活動の意義をこんこんと語ってくださり、母も理解してくれました」。

また「『うちにも娘がいるのよ』とおっしゃるので、思わず『娘さんのご主人、信心してはるんですか』と尋ねたこともありました」（益田ミチ子）。静子は「元気にやっております」とにっこり微笑んだ。「池田先生の奥様のお母さんやなんて、全然知らんかったんです。今思い出しても、顔から火が出ますわ」。益田は苦笑いする。

「絶対に無理だと言われた子どもを授《さず》かり、孫が三人います」。役所勤《づと》めを終え、三度目の挑戦で税理士《ぜいりし》資格をとり、五十七歳で開業した。その間も、静子からの励ましは続いた。

「なんにもいらん、家族で信心できたらいい、そう願ってきました。今は子らの一家和楽を祈っています」（益田ミチ子）

共に学ぶ

「かくしゃくとして飾らない義祖母から、信心を学びました」。白木喜美代（大田総区婦人部長）が語る。「晩年まで全国から多くの人が訪ねてきました。学会活動に励む人の話を聞くのが、一番うれしかったようです」。

望月教子（大田総区婦人部主事）。「白木宅で座談会が終わった後、『若い時には何でもやっておくものよ』とおっしゃったことがあります」。静子は「今は足も弱って遠くに行けなくなった。それでも最近、秋田の男鹿から手紙をいただいたの」と、うれしそうに語ったという。そこには〝折伏してくれたことが懐かしい〟〝あの時、来ていただいた地域にも学会の会館ができました〟等々、信心を貫《つらぬ》いた喜びが綴られていた。

◇

「あの時は緊張しました」。小林久美子（蒲田広宣区婦人部主事）は白木宅の会合で、御書講義の担当になった。「最前列に座る白木のおばさんにごあいさつすると、『私は若い人から教わりたいの』と目を輝かせておられた」。終了後、「拙《つたな》い講義でしたが」と頭を下げると「そんなことないよ。よかったよ、よくわかったよ」。二回り以上も年下の小林の肩を叩《たた》いた。「真剣そのもので聞いてくださり、幾つになっても『共に学ぶ』姿勢を示しておられました」。

二〇〇〇年（平成十二年）八月二十四日、静子は九十五歳で永眠。その日は池田の五十三回目の入信記念日だった。

「私の形見だよ」。町田セイは、最晩年の静子から杖《つえ》を二本、譲《ゆず》り受けている。「九十歳を超えた今、使うようになりました。この杖に毎朝、『今日は誰の所へ対話に行きましょうか』と話しかけます。今も白木のおばさんと一緒に、弘教に、家庭訪問にと歩いているんですよ」。誇らしげに語った。

「生命の尊厳《そんげん》を護《まも》る者へ」

「母」の長編詩発表の三年前（一九六八年一月）、池田は創価学会婦人部に「生命の尊《そん》厳《げん》を護《まも》る者へ」と題する詩を贈っている。

太古《たいこ》の　その昔から
生命を無上《むじょう》のものとして
こよなく慈《いつく》しみ
心くだきつつ　育てつつ
一すじに生きぬいた　貴い性——
それを　私は女性と呼ぼう

……
最も地道に　もっとも迅速《じんそく》に
生命の尊厳を　身をもって護るものよ
永遠の平和と繁栄は
いずこにあるものでもない
あなたたちの――
純粋な　力ある胸中《きょうちゅう》にこそあるのだ
「あの詩は衝撃《しょうげき》でした」。秋山栄子（婦人部総主事）は語る。「皆、生活の悩みで右往《うおう》左往《さおう》していました。悩みは尽きないけれども、私たちには、はるかに目指すべき目標があることを示していただいた」。
峯山益子（関西婦人部総主事）は「それまでの人生で、これほど女性の存在を讃《たた》える詩を贈られたことなどなかった。一日一日をどう生きるかで精一杯の私たちに、こんな素晴らしい使命があるのかとびっくりしました」。

生命の守り手に対する池田の敬意は、「母」の詩にも脈々《みゃくみゃく》と流れている。その思いに旋律《せんりつ》が伴《ともな》い、十九行の歌詞に結晶したのは、一九七六年（昭和五十一年）夏のことだった。

「私は勝った」

「先日、八十一歳になる一人の老婦人を見舞いにいく機会がありました。そして、その年老いた母親の言葉を、私は感銘《かんめい》深く聞きました」

七月十四日、東京・小平《こだいら》市の創価学園。「栄光祭」（夏に行われる伝統の学園祭）に出席した池田は、ある老婦人の人生を学園生に紹介した。たくさんの子どもを育て、貧乏の連続だったこと。親類や近所からも小馬鹿にされたこと。しかし、病床《びょうしょう》で一言、「私は勝った」と口にしたこと……。なぜ「勝った」のか。老いた母はこう言った。

「いかなる中傷《ちゅうしょう》、批判を受けてもいい。男性として何か社会に貢献《こうけん》するような、そういう息子が欲しかった。そして、自分の息子の中にはそういう人間が出た。だから私はうれしいんだ。お見舞いもうれしいけれど来られなくてもいい。社会のためにどれだけ活躍したか、挑戦したか、それを見たかったんだ」

当時、高校三年生で「栄光祭」メーンフェスティバルの責任者だった須田裕。「あ

桜花爛漫の静岡で母の一（いち）を背負う（1975 年 4 月）

の日、池田先生が話された老婦人が、まさにあの時、危篤《きとく》状態になられていた先生のお母様だったとは誰も気づきませんでした」。

池田はこの前日と前々日、母の一《いち》のもとを訪れていた。

◇

四日後の十八日、民音（民主音楽協会）の職員だった松原眞美と岩渕真理子が池田のもとに呼ばれた。二人とも音楽大学出身の女子部員だった。「池田先生は『母の詩に二人で曲をつけてほしい』とおっしゃったのです」（岩渕真理子）。「『婦人部の皆が歌いやすい曲にしてほしい』とも要望されました」（松原眞美）。
具体的な曲調として、池田は自身の青春時代を謳《うた》った「森ケ崎海岸」（本田隆美作曲）のメロディーを例に挙《あ》げた。そして、歌詞の案とともに『青年の譜《ふ》』（読売新聞社）を二人に手渡した。「母」の原詩や「生命の尊厳を護る者へ」が収められた池田の詩集である。
「曲にしにくいところは自由に直してかまわない、とまで言われました。二人とも作曲など一度もしたことがありません。なんとかご希望に沿《そ》える曲をつくろうと、必死で考え始めました」（岩渕真理子）
終業後、東京・新宿の民音会館（当時）のピアノ室やリハーサル室で、また岩渕の自宅で、二人は連日連夜、池田の詩と格闘した。『青年の譜』を何度も読み返した松原は、ある一節《いっせつ》に「目が釘付《くぎづ》けになった」と語る。「これはもしかしたら、先生ご自身のお母様のことを詩にされたのではないかと感じました」。

母よ
わが母よ
風雪《ふうせつ》に耐《た》えぬいた可哀相《かわいそう》な母
悲しみの合掌《いのり》を繰り返してきた
いじらしい母
あなたの願いが翼《つばさ》となって
天空に舞いくる日まで
いついつまでも達者《たっしゃ》に　と
私は祈らずにはいられない

「わが母」と呼びかける唯一《ゆいいつ》の箇所《かしょ》であり、現在歌われている「母」の、二番の原型になった部分である。「いつまでも達者に、との祈り――この一節を基調に、メロデイーをつくりました」（松原眞美）。

◇

池田が二人に作曲を頼む二週間ほど前、民音会館で戸田城聖を偲《しの》ぶ集いが行われている（七月二日）。その式典のBGMを、松原と岩渕が担当していた。松原がピアノを、岩渕がマリンバを演奏した。参加者からは見えない位置である。

式典が終わった後、池田は二人を見つけた。「やあ、ここで弾《ひ》いていたのか。ご苦労様。二次会をしようよ」。即興《そっきょう》の演奏会となった。「『戸田先生のお好きだった歌を中心にお願いしたい』と言われました」（松原眞美）。

「花が一夜に」「同志の歌」「人生の並木路《なみきみち》」……予定にない九曲を次々とリクエストされた。二人はなんとか無事に演奏し終えた。「先生は『戸田先生が心から喜んでくださっていると思います。本当にありがとう』とおっしゃり、深々と頭を下げられました」（岩渕真理子）。代表から池田に花束が贈られた。「先生は『きれいな花だなあ』と言われた後、ぽつりと漏《も》らされたのです」（松原眞美）。

「母親の具合が悪いんだ。これから大田の実家にお見舞いに行くから、この花を母に渡してくるよ」

「その直後の『母』の作曲依頼です。私たちはとにかく『お母様に長生きしていただこう。間に合わせよう』という思い以外ありませんでした」（岩渕真理子）。試行錯誤《しこうさくご》が続いた。

「よく働いてくれたねえ」

〈私の家は、四人の兄と弟二人、妹一人、それに養子《ようし》がほかに二人いたので、計十二人の大家族であった……家業《かぎょう》のノリ製造業が不振《ふしん》になったときも、戦災で二度も家を焼かれたときも、泣き言一つ言わず黙《だま》って子供の世話をし、家事を切りまわしていた〉（『池田大作全集』第二十巻、聖教新聞社）

池田が母の一《いち》について記した文章である。〈十人の子供に平等に愛情を注ぐことのできた立派な女性であったと、今も誇りに思っている〉（同）。〈母の姿に、子の私は、どんな苦労も、耐え忍《たしの》ぶことができるのだという人生の教訓を、学びとることができました〉（『少年に語る』ポプラ社）。

その一が晩年、ことに愛した地が関西だった。大阪・西成《にしなり》に住む小林節子（総大阪婦人部主事）が一と出会ったのは一九七三年（昭和四十八年）。「支部同士の交流があり、西成から東京の大田にうかがったことがきっかけでした。常々、池田先生のつくられた『常勝関西』を見てみたい、と願っておられたようです」。

◇

西成はまさに関西創価学会の〝誕生の地〟である。関西初の座談会が行われたのも西成。戸田や池田が滞在《たいざい》して弘教の指揮を執った花園旅館も西成にあった。

同年十二月、一は大阪で行われた本部総会に参加した。会場となった中之島《なかのしま》の中央公会堂は、かつて「大阪事件」の際、出獄《しゅつごく》した池田を関西の同志が迎え、豪雨《ごうう》のなか「大阪大会」が開かれた場所である。その後も一は、七四年に名古屋、七五年に広島での本部総会に参加している。会う機会の少なくなった息子の姿を見る、貴重な機会だった。

七四年五月には西成の聖教新聞販売店などへ、あいさつに回った。翌年三月には関西記念館へ。池田と同志が綴った常勝関西の歴史を辿《たど》る展示を熱心に見学した。これらのほとんどを西成の婦人部が案内した。

「広島の本部総会でのことです」。木下文子（西成総区婦人部主事）は一の言葉を忘れられないという。「なんで世間は学会のことになると悪く騒《さわ》ぐのかね。世の中のため、平和のために一生懸命やっているのにね」。

ある時は「私によく似て、なんでも人にあげちゃうのよ」と、青年時代の池田の様子を楽しそうに話した。「靴下を履《は》いて男子部の会合に行ったのに、素足《すあし》で帰ってきたり、ズボンのベルトがただの紐《ひも》になって帰ってきて、香峯子さんがびっくりしたんですよ」。

自分の掌《てのひら》の皺《しわ》を見つめ、「よく働いてくれたねえ」と語りかけたこともある。周りの婦人部員に「わが家は貧乏の横綱《よこづな》だったでしょう。今は息子たちがよくしてくれます」と笑った。

「昭和五十一年の七月、体調を崩《くず》されたと聞き、お見舞いに行きました。数日前に池田先生が来られた時、お母様は先生に『皆が待っているでしょう。早く行きなさい』とおっしゃったそうです」（木下文子）

私は勝った――この喜びを胸に、一は今世《こんぜ》の旅を終えようとしていた。

◇

八月四日の夜、松原と岩渕は「母」のメロディーを完成させた。池田と相談し、歌いやすいよう歌詞にふりがなもつけた。

一、母よ　あなたは
　なんと不思議な　豊富《ゆたか》な力を

もっているのか
もしも　この世に
あなたがいなければ
還《かえ》るべき大地を失い
かれらは永遠《とわ》に　放浪《さすら》う

二、母よ　わが母
風雪に耐え　悲しみの合掌《いのり》を
繰り返した　母よ
あなたの願いが翼《つばさ》となって
天空《おおぞら》に舞いくる日まで
達者《たっしゃ》にと　祈る

三、母よ　あなたの
思想と聡明《かしこ》さで　春を願う
地球の上に

平安の楽符《しらべ》を　奏《かな》でてほしい
その時　あなたは
人間世紀の母として　生きる

「母」の歌の誕生からひと月後の九月六日早朝。池田大作を産み、育てあげた一は、家族の唱題に包まれ、息をひきとった。一人の「人間世紀の母」の安らかな最期だった。

水色のシャツ

「風雪に耐え　悲しみの合掌《いのり》を　繰り返した　母よ」。この二番の歌詞そのままの人生を歩み、苦労を重ねた母たち。その一人に光を当てたい。

釧路《くしろ》空港から車で約二時間。北海道標茶《しべちゃ》町――一帯《いったい》に緑の牧草地が広がり、ぽつぽつと民家が立つ。

「母は朝晩の勤行を始める前、必ず涙を流しました。そして毅然《きぜん》と祈り始めるのです。毎日がその繰り返しでした」。七十歳の藤原緑《みどり》（地区副婦人部長）はゆっくり語り始めた。

◇

一九四〇年（昭和十五年）、母の藤原芳《よし》は夫の正三と満州《まんしゅう》に移住した。ソ連国境に近い、中国東北部の拉林《らりん》という町に入植《にゅうしょく》。三十ヘクタールほどの土地にアワ、ヒエ、大豆、トウモロコシを育てた。使用人もいた。

翌年の春、長女が生まれた。目の前に広がる大自然に合うように、緑と名付けた。さらに翌年、長男の務《つとむ》が生まれた。仕事にも力が入った。

次女の次子が生まれた四四年（同十九年）には、すでに物が不足していた。四五年（同二十年）七月、正三が召集《しょうしゅう》された。翌月、日本は敗戦。残された芳たちの生活は地獄と化《か》した。

それまで日本軍に抑圧《よくあつ》され続けた中国の人々の怒りが爆発した。芳たちは衣服を奪《うば》われ、布団を奪われ、食物を奪われ、家を奪われた。火も使えず、生の芋《いも》やトウキビ、道に生えた草を食べた。栄養失調と零下《れいか》三十度の寒さ。ある朝、一歳の次子が冷たくなっていた。〈くやしくて、涙も出ませんでした〉（藤原芳の手記）。道ばたの花を摘《つ》み、小さな墓をつくった。

高老《こうろう》という駅から、屋根もない、石炭を積む貨車に乗せられた。ハルビンの花園収容所に着いた。難民となった日本人三〇〇〇人であふれていた。食糧はなかった。「やがて母が発疹《はっしん》チフスにかかりました」。十日間隔離《かくり》された芳が戻ると、四歳の緑は「母ちゃん」と泣いて抱きついたが、三歳の務は立つこともできなくなっていた。わずかな菜《な》っ葉《ぱ》の入った汁物《しるもの》が配給されたが、それすら大人が奪い取っていたのだ。「母が深い井戸の底をじっと覗《のぞ》き込んだことを覚えています。ただならぬ雰囲気を感じ、大声で泣きました。母は正気《しょうき》に返ったように、はっと振り向きました」（藤原緑）。

◇

衰弱《すいじゃく》した芳のもとに「男の子を養子にくれないか」という話が来た。跡取《あとと》りのいない製粉《せいふん》工場の中国人経営者が望んでいるという。

三十一歳の芳は悩みに悩んだ。絶対にいやだ。しかし帰国できる見通しなどない。夫の行方《ゆくえ》も不明。このままでは子どもより先に、自分が死んでしまうかもしれない。務を手放す。そう決心した時の気持ちを、芳は〈「生木《なまき》を裂《さ》く」とはこのことだ〉と書き残している。自分が着ていた服を縫《ぬ》い直し、小さなシャツをつくった。泣きながら務に着せた。母として最後の贈り物だった。務は芳の首にしがみついた。芳は務の痩《や》せ細った手を、自分の首からはがした。「『おいしいものが食べられるからね』と母が務に言い聞かせた言葉、それに、務が着ていたシャツの水色が記憶に残っていま

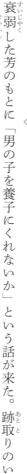

す」（藤原緑）。

芳の手記。〈水色の服の、小さな小さな後ろ姿がまぶたに残り、気がくるいそうになり、泣いてばかりいました。此《こ》の時ほど戦争の残酷《ざんこく》さが身にしみた事はありませんでした〉。

日中国交正常化提言

一九四六年（昭和二十一年）の秋、芳と緑は、郷里の福島県相馬《そうま》郡に命からがら戻った。柿《かき》の実がなっていた。

「子どもを捨てる所はあっても、わが身を捨てる所はなかったのか」。親に責められた。何を言っても納得してもらえないだろうと思い、黙ってこらえた。

夫の正三はシベリアで捕虜《ほりよ》となり、翌年秋に帰国した。職もなく、「開墾《かいこん》の技術が生かせる」と、荒れ地の多かった北海道の標茶町へ鍬《くわ》一つで渡った。雑木林《ぞうきばやし》を切り開き、木の根を掘った。月明かりの下でも働いた。

芳は北海道で新たに三人の子を産んだ。暗かった長女の緑にも笑顔が戻った。ようやく開墾から酪農《らくのう》に切り替えた頃、夫の正三が腎臓《じんぞう》を患《わずら》った。「父は近所の知人から仏法の話を聞き、家族に『今日から創価学会の信心を始めるぞ』と宣言しました」。五八年（同三十三年）の八月だった。

◇

学会に入っただけで、文字通り「村八分《むらはちぶ》」にされた。「じゃがいもやビート、燕麦《えんばく》などを栽培《さいばい》しており、肥料《ひりょう》や種は共同で購入するのですが、そのための回覧板が、わが家を飛ばして隣《となり》に持っていかれました」。

「学校の行き帰りもよくいじめられました」（藤原正、副支部長。緑の弟）

〈それでもふしぎなことに、私の心はよろこびにみちていました〉と芳は書いている。家族全員で手をつなぎ、五キロの山道を歩いて座談会に通った。

〈座談会に、活動にとはげみました。山をいくつも越え、歌をくちずさみながら歩いたものでした〉

法華経《ほけきよう》の行者の祈りのかなはぬ事はあるべからず（御書一三五二ジペー）――日蓮のこの言葉を、芳は常に自分に言い聞かせた。中国に残してきた務のことが「誰にも言えない苦しみ」になっていた。夜中、よくうなされた。緑が起こすと「よかった。ソ連兵から逃げている夢を見た」とつぶやいた。

もう一度、務と会いたい。燃えるような思いが、芳の祈りとなった。

信心を始めて、十一年目の九月だった。芳は聖教新聞を食い入るように見つめた。池田が日中国交正常化を提言した（一九六八年九月九日付）。それは芳にとって「手の届かない高尚《こうしょう》な議論」ではなかった。「たった今、私に必要な言葉」だった。〈日中戦争のあのみじめさを、永久にくり返してはならない」という池田会長のお話に、私は胸おどらせ、むちゅうで読みました〉（藤原芳の手記）。

◇

「『池田先生のおかげで務と会える』。母はそう言っていました」（藤原緑）。務と生き別れて二十二年。芳の苦しみに、初めて細い光が差し込んだ。

池田の提言から四年後、日本と中国の国交が正常化。その二年後、池田の第一次訪中。さらに第二次訪中で周恩来《しゅうおんらい》総理と会見……無理解の中傷《ちゅうしょう》をものともせず、池田が切り開く日中友好の記事は、ことごとく芳の希望となり、生きる力となった。

「池田先生を知っています」

「役場からは何度も務の戸籍《こせき》を抜くように言われたが、両親は『必ず生きて会う』と言って断りました」（藤原緑）。

一九八一年（昭和五十六年）、ようやく中国残留孤児《ざんりゅうこじ》の帰還《きかん》の動きが出てきた時、母ときょうだいで手分けして厚生省、道庁、町役場に足を運んだ。「無理ですよ。広い中国で、大した手がかりもないのに捜《さが》すなんて」。どの窓口も、門前払い《もんぜんばら》同然の扱いだった。「これでもか、これでもかと題目をあげる母の姿が忘れられません」。

◇

思いがけない出会いがあった。八二年（同五十七年）六月十日――学会の「婦人部の日」に、緑は嫁《とつ》ぎ先の岐阜から上京し、信濃町の創価婦人会館を見学した。ロビーで座っていると、会館スタッフから「もう少しここにおられますか」と声をかけられた。

しばらくすると、池田の妻、香峯子が玄関《げんかん》に現れた。「まさかと思いました」。ロビーには数人しかいない。緑が岐阜在住であることを知った香峯子は、「私も戦争中、岐阜に疎開《そかい》していたんですよ。縁《えん》がありますね」と言い、「これから会合なので、よかったらご一緒に」と促《うなが》した。その会合で香峯子は、子育てと学会活動を両立した自身の体験を紹介。「どんなことがあっても信心を続けましょうね。必ず幸福になれる信心です」と語った。「その通りだ、と涙ながらに思いました」。緑は北海道から岐阜に嫁《とつ》いだ時、夫の両親から「家をとるのか、学会をとるのか」と責められた。日々の姿を通して理解を得るしかなかった。少しずつ学会活動ができるようになった。「『必ず幸福に』との言葉を抱きしめて生きてきました。あの出会いが一生の原点です」。

◇

緑が香峯子と会った数カ月後、中国残留孤児の支援組織の会報に、「息子を捜《さが》している」という芳の文章が載《の》った。同じ号に「両親を捜している」というハルビンの男性が紹介されていた。中国名は「薛広仁《せつこうじん》」。芳の体に電流が走った。その顔写真が福島に住む弟に似ていたのだ。「務かもしれない」。文通が始まった。

第一次、第二次、第三次……中国残留孤児の肉親《にくしん》捜しが続いた。文通を始めてから一年後の、八三年(同五十八年)十二月六日。第四次の肉親捜しで、薛広仁が来日した。成田空港ロビーに残留孤児六十人が到着。無数のフラッシュが光る。

厚生省からは「対面調査まで会話しないように」と指示されていた。残留孤児の一行が目の前を通る。あのハルビンでの別れから、三十八年近くが過ぎていた。私と会って喜んでくれるのだろうか。手放した親を恨《うら》んではいないだろうか。六十八歳の芳は、こらえきれず叫《さけ》んだ。

「つとむー!」

「オトサン、オカサン!」

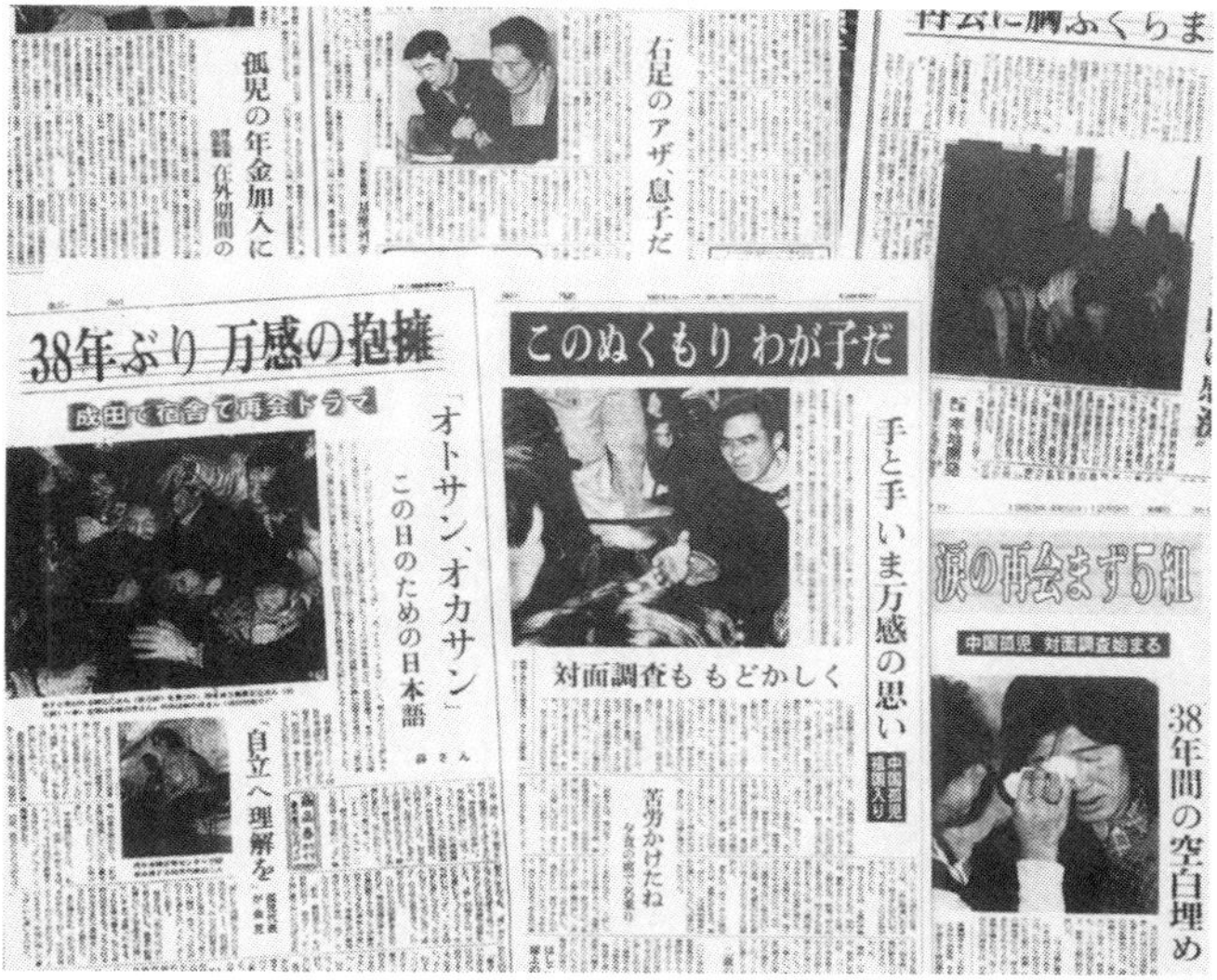

中国残留孤児の藤原務と両親の再会は、各紙で大きく報道された。
中央の写真（朝日新聞）の中で、手を伸ばして握手を求める男性が務

薛広仁――藤原務は、覚えたての日本語を叫び、走り寄って芳の手を握った。

「務は右足にあざがあった」。芳のわずかな記憶だけが具体的な手がかりだった。三日後の対面調査で、右足のあざを確かめた。抱き合って喜んだ。この訪日で、両親そろって再会できた残留孤児は務だけだった。国内のすべての全国紙、テレビが連日連夜、大々的に報道した。記者会見で務は「私を養父母《ようふぼ》にあずけてくれたことを、少しも恨んでいません」と答えた。

標茶町に戻った。「創価学会

の信心のおかげで、再会できたんだよ」と芳が言うと、務は「ぼくも池田先生を知っています」と答えた。芳や正三たちは目を丸くした。中国の養父母は、務にできるかぎりの教育を授《さず》けてくれた。中学教師として働いていた務は、日中友好の功労者の存在を知っていたのだ。

「みんなの祈ってきた御本尊に、ぼくも祈りたい」と務は言った。初めて、家族そろって、ゆっくりと勤行をした。務と声をそろえて題目をあげながら、芳は泣いた。苦しみの涙ではなく、喜びの涙だった。

この日、芳の戦争は終わった。

後年（一九八七年）、池田はある婦人部員の戦争体験をもとに、『ホタルかがやく』（小学館）という童話を発表した。その「あとがき」には、こう記されている。

〈「戦争《せんそう》」のせいで、親《おや》や兄弟《きょうだい》と別《わか》れ、遠《とお》い外国《がいこく》に取《と》り残《のこ》された子《こ》どもたち――。その、ほとんどは皆《みな》さん方《がた》と同《おな》じか、もっと小《ちい》さい子《こ》どもたちでした。どれほどさびしく、心《こころ》ぼそかったことでしょう。戦争《せんそう》において、一番悲《いちばんかな》しいつらい思《おも》いをするのは、いつもお母《かあ》さんたちであり、子《こ》どもたちなのです。

しかも戦争《せんそう》が終《お》わってからも、長《なが》い間《あいだ》、中国《ちゅうごく》と日本《にほん》の正式《せいしき》な国交《こっこう》（国《くに》と国《くに》とのおつきあい）が始《はじ》まらなかったため、「残留孤児《ざんりゅうこじ》」の方々《かたがた》は、日本《にほん》にいる両親《りょうしん》をさがすことも十分《じゅうぶん》にできなかったのです。私《わたくし》が二十年前《ねんまえ》（昭和《しょうわ》四十三年《ねん》）、中国《ちゅうごく》との国交回《こっこうかい》復《ふく》をよびかけた理由《りゆう》の一《ひと》つは、そこにありました〉

◇

藤原芳の娘、緑が香峯子と出会った東京・信濃町の創価婦人会館。七八年（同五十三年）六月に開館した。

この会館を香峯子は、じつに「六〇七回」も訪れている。たとえば池田が第三代会長を辞任した七九年（同五十四年）は、一年間で六十回以上、翌八〇年は八十回の訪問が記録されている。これらの出会いと励ましの日々には、数多くの「母たちの合掌《いのり》」のドラマが秘められていた。さらに辿る。

第二章 創価婦人会館での出会い

一九六三年（昭和三十八年）十一月十六日、愛知の豊川市。四〇〇〇人が集った大会の後、三十五歳の青年会長、池田大作を囲んで代表メンバーとの懇談が始まった。最後列で手を挙《あ》げた早川あや子。思い詰《つ》めていた。立ち上がり、すーっと深呼吸した。「蒲郡《がまごおり》の早川です！　先生、今日は病院から夫を連れてまいりました」。夫の和男が寄り添っている。「よく連れてきたね！」「ご主人の病状はどうですか」。事前に報告を受けていた池田。夫妻に温かな眼差《まなざ》しを向けた。

四十二歳の和男。三カ月前、末期の胃がんで入院した。「切らなければ、もって数カ月の命。切ったとしても数年生きられるか、すぐダメになるか」。主治医《しゅじい》も半《なか》ばあきらめていた。

入会前は不幸を絵に描《か》いたような家だった。あや子の父が病弱で、先祖の財を切り崩した。母は中風《ちゅうふう》で寝込み、あや子自身も心臓弁膜症《べんまくしょう》で薬が手離せない。周囲から〝早川病院〟と呼ばれた。婿入《むこい》りした和男との間に生まれた長男も病弱。「家にはあらゆる宗教のお札《ふだ》や置物が並んでいた。小学生の時、その日の食料を求め、よく近所に行かされました」（長男の元清、東三河旭日県副県長）。哀《あわ》れんだ隣人《りんじん》が風呂敷《ふろしき》に米を包んでくれた。

知人に誘われ、和男が学会の座談会に参加したのは一九五四年（昭和二十九年）八月である。「創価学会に入ったぞ」と言う和男に最初は反発したあや子だったが、「いろんな宗教をやってきたんだから、一度やってみましょうか」。和男は〈その日から暗黒《あんこく》のわが家に一条《いちじょう》の光が差し込み、私達の新しい歴史が始まった〉と書き残している。

次女は未熟児《みじゅくじ》だった。「保育器《ほいくき》に入れても助かる保証はない」と病院で言われ、自宅に連れ帰った。湯たんぽで温め、涙ながらに題目をあげた。命をつなぎ止めた。信心を命綱《いのちづな》にして、一家は少しずつ這《は》い上がった。

「あなたの人生は　あなたが主人公だ」

入会八年目の夏、和男の胃がんがわかった。それまで夫妻で蒲郡の支部長、支部婦人部長を務め、地域を駆《か》けてきた。だが厳しい病魔《びょうま》は和男を入院に追い込み、その闘志《とうし》を奪《うば》い去っていた。

救ったのはあや子だった。「夫の命は長くない。ならば師匠《ししょう》に会うことが本望《ほんもう》だろう。絶対に行こう」。妻の決意に和男も腹を決めた。外出許可を得て、池田のもとに集った。

「さあ、こっちへいらっしゃい」。池田は二人をじっと見つめた。「よく来たね。本当によく来た。死んではいけない。死んではいけないよ！」。

その気迫《きはく》に周《まわ》りは息をのんだ。「これからが広宣流布《こうせんるふ》の本舞台だ。その世界を見ずして死んだら、何のために苦労してきたかわからない。死んではいけない！」。池田は和男の手を握りしめ、抱きかかえた。

仏法では、命を奪い、仏道修行《ぶつどうしゅぎょう》をさせまいとする働きを「死魔《しま》」と呼ぶ。真剣勝負の池田の語気は、「死魔」を徹底的《てっていてき》に打ち破る強さを含《ふく》んでいた。

質問会の最後に、池田は「いいお正月を迎えられる人？」と尋《たず》ねた。大勢の手があがる。「よくないお正月の人は？」。あや子がおずおずと手をあげた。「正直な人だね」。池田は「依正不二《えしょうふに》だよ」と語り始めた。

依正不二。主体《しゅたい》（正報《しょうほう》）と客体《きゃくたい》（依報《えほう》）は別々にあるのではなく、お互《たが》いに影響を与え合う〝不可分《ふかぶん》の関係〟だと説く、仏法の根本的な考え方である。

「正報は、あなたなんだよ」。池田はあや子に断言した。「正報であるあなたの信心がしっかりすれば、依報であるご主人も、きちっとなる。すべてはあなたの信心で決まるんです」。

あや子は心の底から驚いた。それまでは、先に入会を決意した夫が「主」で、妻の自分はあくまで「従う」ものだと思い込んでいた。「あなたの人生はあなたが主人公なんだ！　という先生の指摘に、目の覚《さ》めるような感動を覚えました」。

死魔との闘い

「先生の話を聞いて闘志が蘇《よみがえ》った」と語る和男。医師は退院を許可した。そこから肉体を蝕《むしば》む死魔との本当の闘いが始まった。自宅の仏間《ぶつま》にベッドを運び込んだ。あや子は看病《かんびょう》しながら、眠る時以外は題目をあげ続けた。「父が痛みで七転八倒《しちてんばっとう》したこともあった。『夫に使命があるなら命をください』と祈る、母の背中が忘れられません」（早川元清）。

三カ月経《た》った。唱題していた和男が「わあーっ」と苦しそうに叫び、口を押さえた。元清が洗面器を手に駆け寄った。見たこともない巨大な黒い血塊《けっかい》を吐《は》き出した。「あ、ダメか……」。元清は観念した。しかし和男は「何だかすっきりした。気持ちがいい」と言う。その日以降、痛みがなくなり、再び元気に活動できるようになった。がん細胞がはがれ落ちたのだろうか——医師は「信じられない」と唸《うな》った。和男はそれから十九年、寿命を延ばした。

夫を見送った後、四半世紀、気丈《きじょう》に生き抜いたあや子。二〇〇七年（平成十九年）、八十二年の生涯を終えた。あや子が遺《のこ》したメモ。次の御書《ごしょ》（日蓮《にちれん》の遺文集《いぶんしゅう》）の一文が書き留《と》められていた。

〈弥《いよいよ》 信心をはげみ給《たま》うべし〉

鎌倉時代、夫を亡くした後も純粋な信心を貫いた千日尼《せんにちあま》という女性門下に、日蓮が贈った一節である（御書一三〇八ジペー）。

「生涯、信心に励むよう見守っていただいた先生、そして、父母を支えてくださった同志の皆さんに感謝の思いは尽《つ》きません」（早川元清）

——悩みの淵《ふち》から立ち上がる女性たちとともに歩んできた池田と、妻の香峯子。

「母たちの合掌《いのり》」の物語を追った。

「子は母の背中を見て育ちます」

母の苦労は多い。夫を支える。子を産み育てる。あるいは自《みずか》ら社会で働きながら家事をこなす。老いゆく親をいたわる……池田は長編詩「母」で、女性のもつ豊かな力に敬意《けいい》を込めて謳《うた》っている。

母は　いついつまでも
われわれの忠実な侍者《じしゃ》であった
未来からの語部《かたりべ》であり
名歌手であり　名演奏家であり
強力な支援者であった

――池田の妻である香峯子もまた、一人の母として子育てに、家事にと奮闘してきた。

◇

池田夫妻と同じ大田区小林町に住んでいた向山さと子（東京・立川市）。「二人のお子さんを連れて、よく家庭訪問に歩かれていました」と語る。「ご一緒に目蒲《めかま》線や池上《いけがみ》線に乗って教学の勉強会にも行きました。お子さんが二人とも静かにされていたのが印象に残っています」。

「その日は土砂降《どしゃぶ》りの雨でした。生活苦に行き詰まった私は、なりふりかまわず池田先生のお宅に駆け込みました」（山本百合子、東京・大田区）。一九五七年（昭和三十二年）頃。二十代の香峯子は大田区・入新井地区の地区幹事だった。「この雨の中いらっしゃるのは、ただ事《ごと》ではありませんね」。香峯子は、そう言って山本を自宅に迎え入れた。「タオルで頭の先から拭《ふ》いてくださいました」。

「両親は子ども四人を抱え、その日の食事にも困るほどの貧しさでした」（長男の武俊）。山本は香峯子の前で、ひとしきり愚痴《ぐち》をこぼした。じっと聴《き》いていた香峯子。「山本さん、この信心は、策や方法ではありませんよ」。降りしきる雨音に包まれた部屋で、懇々《こんこん》と題目の力を語った。

「私の心に突き刺さる言葉でした」と山本は振り返る。「池田先生の会長就任後、『山本さんにお会いしたくて』と、わざわざ我が家に来られたこともあった。あの頃の励ましが人生の土台になりました」。

東京・品川の総区婦人部主事だった安田とき子。「目黒駅前の会場で、昼の地区講義を担当されました。赤ちゃんをおんぶして、はつらつと御書講義していただいた」と語る。

創価婦人会館の開館記念勤行会に駆け付ける
（1978年6月、東京・信濃町）©Seikyo Shimbun

子育てをめぐる香峯子の信条《しんじょう》は、婦人部員たちに語った言葉にもうかがえる。「ある時、『子どもにどう信心を伝えたらいいのか』という質問に答えられました」（伊藤明美、兵庫・朝来市）。香峯子は「母親が一番大事です」。「学会のことや、お母さんはどんな活動をしているのかをちゃんと話すのです。勤行《ごんぎょう》も夏休みや冬休みに丁寧《ていねい》に教えてあげてください。子どもは、まず母の背中を見て育ちます」。「『小さい子どもを抱えての活動が大変で』という質問には、『たしかに大変ですね。同じ役職を受けるなら、子どもが大きくなってからの方《ほう》がいいと思うでしょう？』と言われました」（小倉禧佐子、京都・伏見区）。香峯子は続けて「母親自身の成長という点から考えると、幼子《おさなご》を抱えている時の方が、本当は成長できるのですよ」と答えている。「脇《わき》で聞いていた私も子育てに奮闘中でしたが、『ほんまにそうやなあ』と納得しました」（小倉禧佐子）。

「『子どもに、しっかり事前に話をして会合に連れて行くと、親の真剣な態度に子どもも〝スイッチ〟が変わります』と具体的に教わりました」（齋藤豊子、兵庫・姫路市）。「大事な会合だからと言い聞かせて、トイレと食事も済ませ、小さいお子さんなら、会合中に眠ってくれるように祈っていくんです」。それらは香峯子自身の工夫《くふう》の表れだった。

聖教新聞配達員との懇談会。西岡勝子（奈良・北葛城郡）は「小学三年と幼稚園の娘がいます」と伝えた。香峯子は「大変だけど、学会の会合にはお子さんも一緒に参加させてあげてくださいね。私も長男をいつも連れていくようにしています」。「その後は聖教新聞の配達を続けながら、会合には必ず二人の子を連れて参加するようになりました」（西岡勝子）。

「小六の長男が昆虫《こんちゅう》に夢中で勉強しません」（上田美佐子、大阪・寝屋川市）という悩みには、「うちの三男も、望遠鏡《ぼうえんきょう》で星ばかり見ていた時期がありましたよ。個性を生かしながら成長を見守ることが、将来にとって大切ですね」。

「私もそうでしたよ」

創価学会の会合には老若男女《ろうにゃくなんにょ》すべての世代が集い合う。それゆえに生まれる意見の食い違いもある。

一九六七年（昭和四十二年）、兵庫本部（現・灘文化会館）を訪れた香峯子に、小嶋悦子は「大きな役職についたばかりですが、年長者が多く、悩んでいます」と相談した。

香峯子は「私もそうでしたよ」とにこやかに答えた。「年長者の方からは生活のことを教えていただき、信心のことは、御書を通してしっかりお話しするようにしてください」。

「すごく簡明で、大切な指摘でした。すっきり取り組めて、組織の雰囲気もさらによくなりました。今も後輩《こうはい》の皆さんに伝えています」（小嶋悦子）

◇

「学会本部の仏間で五、六人で懇談した時のことです」（北側照枝、大阪・平野区）。

誰かが思わず愚痴《ぐち》を言い始めた。

すると香峯子はすべて聞き終え、「どんなことも、いい方に、いい方に思いをもっていくのですよ。自分の心を変えて、物事を考えていくのが大事よ」と答えた。さらに「お題目よね。百万遍《べん》あげていきましょう」と確信を込めて語った。「すべて聞いたうえで凛《りん》として指導される。あのお姿が私の信心の原点です」（北側照枝）。

「色紙《しきし》の真ん中に和歌山の『和』と書き、何か言葉をとお願いしました」（杭ノ瀬弘子、和歌山市）。寄せ書きに言葉を求められ、香峯子が「困った時には百万遍」と書いたのは七三年（同四十八年）の夏だった。

「当時のわが家は借金だらけ。百万遍の唱題に何度も挑戦し、学会活動に励みました」。杭ノ瀬夫妻は野菜や果物の卸業《おろしぎょう》で苦労を重ねた。現在は、和歌山の卸売市場で〝芋《いも》のことなら「芋栄商店」に〟と信頼を集めている。

知恵の数々

最前線の婦人部員との懇談の折々《おりおり》、香峯子は暮らしや家事をめぐっても種々《しゅじゅ》、語り合っている。

関西婦人部の草創期《そうそうき》を支えた一人、白木文《ふみ》。多忙《たぼう》に音《ね》を上げ、香峯子の前で「一日に二十分の読書の時間もありません」とこぼした。「すると『二十分つくろうとするから大変なのよ。五分ずつ、四回のひまを見つけたらいいのよ』と言われました。明るくて、気取りがなくて、お姉さんのような存在でした」と語っている。

「流しに食器を置いたまま、どうしても出かけないといけない場合があるでしょう？」。質問会で香峯子がそう言った時の模様を、丸尾富子（大阪・箕面市）は鮮明に覚えている。「私は少し大きめの、きれいな花柄《はながら》のふきんを用意しておいて、上にかけて出かけるんですよ」。また「学会活動で忙しくて思うように掃除《そうじ》できなくても、いろいろな物を『縦横《たてよこ》をそろえて置く』と、部屋はきれいに見えますよ」と付け加えた。

「じつは、今日は夫婦喧嘩《げんか》して来ました」と打ち明けた人には、「日本の男性は押しつけられたり決めつけられたりするのは嫌《いや》なようですね。ご主人の気持ちを知ったうえで、待つことも、合わせることも大事ですね」と語った。「どの話も役立ち、私もそうしようと心がけてきました」（丸尾富子）。

「主人が寝ていて、いつも片付けができません」という質問には、「ご主人は畳《たたみ》一枚よりも大きいですか」と尋ねている。

そのやり取りの場にいた斉藤嘉都子（大阪・羽曳野市）。「『いえ……それより少し小さいです』との返答に微笑《ほほえ》まれ、『周りの物をまっすぐにするだけで、結構片付くものですよ』とアドバイスされました」。

「京都文化会館の懇談会でも、家事の負担を軽くする工夫についてさまざまなお話をしていただきました」(小倉禧佐子)。香峯子は「例えば食事の時、食器をたくさん使うよりも、一枚の大きなお皿にきれいに盛りつければ、子どもも喜びますし、後片付けも楽です」とざっくばらんに話している。

「『ハンバーグを作って卵のパックに入れて冷凍しておくと、子どもも好きですし、忙しい時にすぐ焼けて便利ですよ』と教えていただいたこともあります」(鎌田弘子、大阪・枚方市)

香峯子が語った工夫は、そのどれもが生活のうえで価値を生むとともに、学会活動をしやすくするための知恵でもあった。

「不退転《ふたいてん》」の旅路《たびじ》

「私も三人の男の子がいますが、小さい時は泥《どろ》だらけになって洋服は破いてくるし、縫《ぬ》っても縫っても破いてくるので、いっそのこと針金で縫いたいぐらいでした」。香峯子の話に笑い声が弾《はじ》けた。東京・練馬の支部座談会(三原台支部、山本宅)。「十五畳ほどの会場が廊下《ろうか》まで人で溢《あふ》れました」（山本典子。当時、支部婦人部長）。一九七九年（昭和五十四年）三月十七日のことである。

この時、香峯子は「わが家は家族全員揃《そろ》うということがなかなかないので、どこにいても、この時間には題目を唱える、という同盟を決めております」と語っている。練馬区婦人部長だった大塚泰江。「ご自身の家庭の話を通して、学会永遠の指針である『一家和楽《いっかわらく》の信心』を、参加者に教えられたのだと思います」。

長男の博正は関西。次男の城久は創価大学のある八王子。三男の尊弘は信濃町――まさにこの時、池田とその家族はそれぞれの場で、「第一次宗門事件」の暴風雨と闘っている渦中《かちゅう》だった。

参加者の求めに応じ、香峯子は色紙に〈不退転　七つの鐘《かね》　総仕上げの年〉と書き、「どんなことがあっても一生、御本尊様を離さないで幸せになってください」と呼びかけた。

◇

第一次宗門事件――香峯子は関西婦人部長だった栗原明子に手紙を送っている（一九七七年十月二十七日付）。〈僧侶《そうりょ》のこと、まさに御書の通りですね。残念なことですが、明らかに見えて良かったとも思います〉。

「当時、宗門の僧は狂ったように学会員を痛めつけ、その裏で贅沢三昧《ぜいたくざんまい》の信じがたい遊興《ゆうきよう》を重ねていた。大迷惑です。彼らの行状《ぎようじよう》があまりにひどく、報告したのです」(栗原明子)

池田と香峯子のもとには、全国から深刻な状況が伝えられていた。香峯子は〈何とか変毒為薬《へんどくいやく》になり、学会にとって、この事があったから良かったのだと将来言えるようになりたいと、願って唱題している昨今《さつこん》でございます〉と綴《つづ》っている。

その頃、香峯子は自ら弘教《ぐきよう》にも率先《そつせん》して取り組んでいた。

七八年(同五十三年)一月十七日、杉並区婦人部総会。「あの時、奥様は、『お正月から折伏《しやくぶく》を始めた』という話をされました」(山川佳子。当時、杉並区婦人部長)。

前年末の十二月二十八日。香峯子に一通の便《たよ》りが届いた。〝夫が仕事で学会本部に出入りしている〟という夫人からの手紙だった。夫から聞く話や、身近な学会員の姿に親しみを覚え、思い切って日ごろの悩みを直接、香峯子に送ったのだという。

「その方は私宛《あて》に縷々《るる》、悩みを書いて『来年はよい年であるように』と手紙をくださったのです」。年が明けて一月二日、香峯子は静岡の大石寺にいた。「お手紙でそういう心の中を語ってくださって、私も仏法者として黙《だま》っていられないと、電話しました」。

「いかがですか、私たちのお仲間に入りませんか」と語る香峯子に、その夫人は「よろしくお願いします」と答えた。「とにかく一度、座談会に出ましょう」と香峯子は応じ、一月十一日に先方を訪問している。杉並の会合では「その方と、座談会のほかにも会合に出てから決めましょう、と約束したところです」と、ありのままに語った。そして日蓮の主著《しゅちょ》「観心本尊抄《かんじんのほんぞんしょう》」を通し、「折伏《しゃくぶく》するには勇気が必要です」「一人増やすことを目指しましょう」と訴えた。「宗門事件の渦中《かちゅう》、皆の不安を晴らすように一月二日から折伏に励んでおられたのですね。本当に驚きました」（山川佳子）。

本部近辺の懇談会で、池田が香峯子について「この人は強いんだよ。何があっても動じないんだよ」と語ったことがある。「先生が会長を辞任される直前の懇談会でした。時が経《た》つにつれ、先生の言葉の重みを感じます」（大塚泰江）。

◇

第三代会長を辞任した四月二十四日。池田は日記に、
〈あまりにも　悔《くや》しきこの日を　忘れまじ　夕闇《ゆうやみ》せまりて　一人歩むを〉
と記した（『随筆　桜の城』、『池田大作全集』第一二九巻に収録）。

静岡・白糸研修道場で管理者をしていた林純子（東京・八王子市）。「会長を辞任された後、池田先生が道場に来られた時のことです。心配そうな私たちの顔を見られ、間髪《かんはつ》をいれず『今までと同じだよ。私は全然変わっていないよ』と言われました」。

「会長辞任の直後、悲嘆《ひたん》に暮《く》れる私たちに、奥様は毅然《きぜん》として『きっとまた、皆様のために働きますよ』とおっしゃいました。〝泣いている場合じゃない〟と目の覚める思いでした」(宮田美弥子、大阪・枚方市)

池田と二人で「不退転《ふたいてん》」の旅路《たびじ》を歩んできた香峯子が、この時期、学会の〝屋台《やたい》骨《ぼね》〟たる婦人部の友を励ますため、足繁《あししげ》く通《かよ》った場所がある。それは会長辞任の前年に誕生した、東京・信濃町の創価婦人会館だった。

◇

「婦人会館には、『時間があれば、どなたかにお会いしよう』と、いつも来ていました」。香峯子は、こう回想している(一九八六年十月十七日、東京・板橋の婦人部幹部会)。板橋区婦人部長だった石井益子。「同じころ、ある人に〈いかなる事態にも負けない生涯を〉と書いて贈られたとうかがいました。常に誰かを励まそうとされていました」。

嵐の中で誕生した婦人会館。開館記念勤行会は、半年にわたって約二十回行われた。北海道から沖縄まで各方面の代表が集まった。香峯子はそのすべてに出席している。

最初に行われた勤行会は六月十日。全国の聖教新聞配達員、大ブロック担当員の代表が招待された。その日付が記された一枚の寄せ書きに、香峯子も筆を走らせている。

岡山県広布 27 周年の記念総会に参加した香峯子（1983 年 4 月、岡山文化会館）©Seikyo Shimbun

「京都から二十一人で参加し、ちょうど私が色紙を持っていまして。玄関の脇でお願いしました」（宮川シゲ、下京区）。「よく来られましたね」とねぎらった香峯子は、「寄せ書きね。どこに書こうかしら」と少し考え、左上にサインペンで〈生涯青春　池田香峯子〉と記した。

同会館落成の会合に参加した北村かづ江（京都・伏見区）。「一番生活が苦しかった時でした」。一階ロビーに懇談の輪ができていた。その中心に香峯子がいた。北村は遠慮がちに「夫が失業中です……」と打ち明けた。香峯子は北村の両手を握った。「たとえあなたのご主人が、どんな地獄《じごく》のような姿であったとしても、ご主人を尊敬できるあなたになることです。自分だけが悩んでいるのではありません。一番悩んでいるのはご主人ですよ」。

「ハッとした」と北村は語る。いつしか生活に嫌気《いやけ》が差し、感謝する心を忘れていた。「あの一言のおかげで、夫に笑顔で接するようになれた。姑《しゅうとめ》との問題も、人生の先輩として尊敬しようと心が変わり、乗り越えました」。ひと月後、夫は再就職。「今は独立し、息子と内装《ないそう》の会社をやっています」。

◇

「毎月、婦人会館で行われる県婦人部長会で一番楽しみだったのが奥様との懇談会です。全国からの質問や報告で毎回、二、三時間はかかりました」（本田道子、大阪・阿倍野区）。宗門をめぐる悩みも多かった。「いつも全部、聞いてくださった。時折、メモもとられました。どんなにお疲れかと思ったが、最初から最後まで少しも変わりがない。なんという気力と忍耐《にんたい》の方かと感動し、申し訳なく思いました」。

坂口幾代（婦人部総合長）。「池田先生が学会内部の臆病《おくびょう》や宗門の嫉妬《しっと》によって自由に動けなかったあの時代、奥様が先生の代わりに動かれ、婦人部を全力で励まされたように思えてなりません。その〝主戦場〟が婦人会館だったのです」。

香峯子の婦人会館への訪問回数はじつに六〇七回を数える。見学で居合わせたメンバーを含め、ロビーでの激励、出会った人数、記念撮影、どれも数えきれない。

加納ひさよ（京都・右京区）。「婦人会館を見学の最中、奥様が来館されました。丈夫《じょうぶ》だった母が脳血栓《のうけつせん》で入院したばかりで、ショックを受けていたことを正直に話しました」。

香峯子は「日蓮大聖人《だいしょうにん》は〈病《やまい》によりて道心《どうしん》はをこり候《そうろう》なり〉（病によって仏道を求める心は起こる、御書一四八〇ページ）とも、〈業《ごう》が謝《しゃ》せんと欲《ほっ》する故《ゆえ》に病《や》むなり〉（業が消滅しようとするので病む、御書一〇〇九ページ）とも仰《おお》せですよ」と御書を諳《そら》んじ、「自分の業を今世《こんぜ》で出して、転重軽受《てんじゅうきょうじゅ》で必ず守られますから」と励ました。

「母は無事に退院。医者は松葉杖《まつばづえ》などを勧《すす》めてくれましたが、杖もつかず歩いて活動に励めました」（加納ひさよ）

「友舞《ゆうまい》」の日々

一九八〇年（昭和五十五年）八月。「家族四人で婦人会館の見学に行きました」（仁科時子、大阪・豊中市)。玄関を入ると、「どちらからいらっしゃったのですか」と声をかけられた。香峯子だった。「夫に対して『いつも大変お世話になっております』と深々とお辞儀《じぎ》され、『どうぞ中へ』と自ら案内してくださいました」(仁科時子)。

夫の恭次。「ロビーで八十歳前後の女性が奥様の隣《となり》に座り、一生懸命、これまでの人生の体験を話していました。にこにこと聞いていた奥様の『私も将来、こんなおばあちゃんになりたいわ』という優しい声が忘れられません」。

このひと月前。林智栄子(奈良市)が香峯子から受け取ったはがきには、〈大きな障魔《しょうま》と私共も立ち向っています。共に変毒為薬《へんどくいやく》をしようではありませんか〉(七月九日)と書かれている。林は怒りを込めて回想する。「坊主たちは、学会員が寄進《きしん》した寺で威張《いば》り、学会員をいじめ抜いた。非道《ひどう》がまかり通っていました」。会長辞任から一年。香峯子も池田と同じく〝一人の励まし〟に徹していた。

◇

「婦人会館での勤行会が終わり、ロビーに行くと、奥様を中心に懇談会が行われていました」(宮下久栄、京都・南区)。八二年(同五十七年)三月九日である。本部長だった宮下。「支部婦人部長の森淑子さんが末期の子宮がんで府立病院に入院していました。何か激励をお願いしたいと思い、持ち合わせた絵はがきを手に、奥様にご相談したのです」。

香峯子は「暗いものはだめですよ。もっと明るいはがきで」と、陽光《ようこう》に輝くアメリカ・サンタモニカの海辺の絵はがきを取り出した。そして池田の歌集『友舞《ゆうまい》』(聖教新聞社)をぱらぱらとめくり、一八一ページを開いた。

この世をば
祈り祈りて　広布庭《こうふにわ》
君よ咲きゆけ　香り残して
〝友舞〟より

と書き取り、押印《おういん》。「これを」と宮下に手渡した。「ここまでこまやかに心を砕《くだ》かれるのかと感嘆しました。『ひと月もたない』と告げられていた森さんは、大変喜ばれ、それから五カ月、寿命を延ばされました」。

歌集『友舞』が発刊されたのは七九年(同五十四年)十一月十八日。前月二十七日、香峯子は東京の世田谷文化会館でこの『友舞』を代表に贈り、語っている。「今日、見本刷《ず》りができました。まだ湯気《ゆげ》が出ているような本なのです……名誉会長の昭和二十年のころからの和歌を集めまして、約五〇〇首、この中に入っております」。

その「はしがき」には、戸田城聖《じょうせい》の和歌〈雲の井《い》に　月こそ見んと　願いてし　アジアの民《たみ》に　日《ひかり》をぞ送らん〉が引用されている。香峯子はこう語っている。「本年の二月、インドの訪問が終わりまして、それが三代会長としての最後の海外訪問になりました……そのことも含めまして、『はしがき』にこの歌が書いてあります」。

恩師の遺志《いし》を継ぎ、インドをはじめアジア各地にも仏法を広げてきた池田。そのインド訪問の直後に巻き起こった会長辞任への流れだった。香峯子は、そうした池田の歴史が織《お》り込まれた『友舞』を常に携《たずさ》え、友に会い続けたのである。

「奥様との出会いで印象的だったのは、唱題の声です」（伊藤明美）。婦人会館での唱題会で「その凜々《りり》しい声に思わず襟《えり》を正しました」と語る。同様の証言は多い。堀川恵美子と前田晴枝（ともに大阪・西成区）。九一年（平成三年）、落成《らくせい》したばかりの関西白百合青春会館に寄った際、山下以知子（関西婦人部長）に呼び止められ、三階に上った。広間で唱題会が行われていた。

「導師《どうし》の唱題が、聞いたことのない、ものすごく朗々《ろうろう》とした声でした」（堀川恵美子）。関西にあんな人、いたやろか――題目を終えた導師が立ち上がり、振り返ると、二人はあっと声をあげた。来阪中の香峯子だった。

「あの瞬間、思いました。奥様はあの凜《りん》とした題目で先生を支え、子育ても家事も全部やり抜いてこられたんだ、私も一生涯、題目根本で生き抜こうと」（前田晴枝）

生きて、生きて、生き抜いて――

わが子を亡くす。親にとってこれほどの悲しみはない。行方《なめかた》えみ子（奈良市）。一人息子の勲を亡くした時のことを静かに語った。「十三歳でした。脳腫瘍《のうしゆよう》で十カ月、闘病しました。共に泣き、笑い、歌い、励まし続けた十カ月でした」。

結婚三年目で授かった命だった。勲が二歳の時、池田との思いがけない出会いがあった。明日香文化会館にほど近い明日香路《あすかじ》。「創価大学で待っているよ」。その一言が励みになった。

「わんぱくに育ちました。単車《たんしや》の後ろに乗せて、一緒に学会活動に走り回りました。短い一生でしたが、その分、何倍も密度の濃い思い出を夫婦に残してくれました」

二度の開頭《かいとう》手術。長期の放射線治療。中学二年として通学できたのは三日間だった。看病中に言ってくれた「お母さん、長生きしてね」という一言に胸が詰まった。「音楽隊だった勲は『紅《くれない》の歌』が好きでした」。意識のない息子の耳元で歌った。

十二日間眠り続け、一九八七年(昭和六十二年)十一月十三日、静かに息をひきとった。

葬儀《そうぎ》に寄せられた香典袋《こうでんぶくろ》の一つに、「聖教新聞」の切り抜き(「きょうの発心」)が入っていた。婦人部の先輩からだった。「勲が亡くなった翌日付の新聞でした。そこには私と同じように、息子を亡くし、池田先生や仲間の励ましによって立ち上がった北海道の方《かた》の体験が掲載されていたのです。驚きました」。

大きな文字で日蓮の言葉が載《の》っていた。

〈をやこ(親子)のわかれこそ月日のへだ(隔)つるままに・いよいよ・なげきふかかりぬべくみへ候《そうら》へ……〉(御書九二九ページ《ペー ジ》)――親子の別れだけは、月日が経《た》つほどにいよいよ嘆《なげ》きが深くなってゆくものとみえる――

夫と別れ、自分を妙法に導いてくれた息子の弥四郎《やしろう》にも先立たれた、光日尼《こうにちあま》という女性門下へ宛てた手紙である。えみ子はその切り抜きを今も大切に残している。「多くの方が心から励ましてくれた。何よりもありがたかった」。

◇

「少し落ち着いた年末、先生の奥様に手紙を出しました」。年が明けて、行方のもとへ、香峯子からの伝言が念珠《ねんじゅ》とともに届けられた。

〈お手紙拝見致《はいけんいた》しました。お寂《さび》しいお気持ちはよくわかります。でも生きて、生きて、生き抜いて、お子様にお題目を送ってあげて下さい〉

「奥様ご自身も、この三年前に次男の城久さんを亡くされ、想像を絶する悲しみを受け止め、生き抜いてこられたに違いありません。その思いに満ち満ちた伝言でした。私の生涯の指針です。読み返すたび、『生きて、生きて、生き抜いて』の一言に、胸がいっぱいになります」。えみ子はそう言って目頭《めがしら》を押さえた。

悲しみに負けず、勲の分も長生きしようと誓った夫妻。えみ子は勲の死の三年後に子宮がんを、夫の茂は十八年後に上咽頭《じょういんとう》がんをそれぞれ乗り越えた。「私たちと同じ悲しみに直面した人から相談されることもあります。『一緒に生き抜きましょう』と語ってきました。青年部や未来部（小・中学、高校生のグループ）は、みんながわが子です」。勲が果たせなかった、創価大学への進学。「いつか創大の通信教育部に入学することが、私の夢なんです」。えみ子は微笑み、ゆっくり椅子《いす》から立ち上がった。

黒い雨に消えた青春

一九七九年（昭和五十四年）の前後から、池田は全国各地の功労者宅訪問に力を入れた。小塚綾子（京都・右京区）の長男夫婦が営む喫茶店「YOUR《ユアー》」を訪れたのは、八〇年（同五十五年）四月十八日の午後だった。三日後の二十一日から第五次訪中《ほうちゅう》が控《ひか》えていた。会長辞任以来、初の海外訪問である（単行本『民衆こそ王者』第一巻で詳述）。「狭《せま》い店ですが、寛《くつろ》いでいただこうと一家で準備しました」（小塚綾子）。

店に入った池田。「池袋のサンシャイン60からは、遠くの方《ほう》までよく見える」と周囲の幹部に語った。「しかし、家の中までは見えないし、歩いている人の心も見えない。その人の本当の悩みもわからない。幹部は上から見てはいけない。地を這《は》って見るんだ。今、私はそれをしているんだ」。

また「一人が大事だ。一つの原爆が尊《とうと》い二十万人の命を奪《うば》ったが、一人の人間が二十万人を救うこともある」とも言った。「心臓が止まるかと思うほどびっくりした」と綾子。「まだ先生に、私が広島で被爆《ひばく》したことはお話ししていなかったからです」。

カウンター席に腰かけた池田は、同世代の綾子に「昭和何年生まれ？」と尋ねた。「四年生まれです」。昭和三年生まれの池田は自らの戦争体験を語った。「あの時は芋《いも》の茎《くき》まで食べた。灰色の青春だったね」「同時代を生き抜いた者でなければ、あの苦しさはどうしてもわからない。あなた方ならわかるね。わかるのは昭和十年生まれくらいまでかな……」。

「先生、じつは」。綾子は自分が被爆者であることを伝えた。隣で夫の賢一が緊張していた。池田は静かに「そうか」とだけ言った。二時間半の懇談中、一言もその話題に触れなかった。「同行の方も大勢いらっしゃっていたので、つらい体験を人前で話させないよう、気遣《きづか》ってくださったのだと思います。その心が伝わってきて……」。綾子は涙をこらえた。

◇

四五年（同二十年）八月六日。綾子は十六歳だった。「あの日は朝から焼けつくような暑さでした」。広島の宇品《うじな》港で、船舶《せんぱく》司令部の事務見習いをしていた。いつも通りの朝礼が終わり、木造事務所の二階に上った。その時だった。「見たこともない強い光で目が眩《くら》み、次の瞬間、ゴゴゴーッと唸《うな》りをあげた爆風に吹き飛ばされました」。八時十五分。アメリカ軍の爆撃機B29は、市の中心にかかるT字型の相生《あいおい》橋めがけて原子爆弾を投下した。上空六〇〇メートルで炸裂《さくれつ》した。

「我に返ってあたりを見渡すと、皆、血を流していました」。綾子は幸いにも無傷だった。爆風が収まり、空を見上げた。太陽は消えていた。「不気味《ぶきみ》な暗闇に包まれ、強烈な熱風と臭気《しゅうき》が襲《おそ》ってきました」。

広島市内では幾《いく》つもの火炎の竜巻《たつまき》が暴れ回り、天を焦《こ》がしていた。

「昼近く、軍のトラックが次々と被爆者を運んできました。あの時、私はこの世の地獄を見たのです。どの人もどの人も、これ以上焼かれるところがないほど真っ黒で……。両手が焼き尽くされ、骨がむき出しの人もいました。『助けて』とすがりつかれた若い女性は全身が焼けただれ、背中に負《お》ぶった赤ちゃんには首がありませんでした」

人類史上最悪の愚行《ぐこう》といわれる原爆投下。「事務所前の岸壁《がんぺき》には、みるみる死体が山積みになりました。当日は熱くて爆心地には近づけませんでした。母は前日、爆心地から遠い可部《かべ》町に行っていたので私は安心し、向宇品《むこううじな》の洞窟《どうくつ》で夜を明かしました」。

◇

三日目の早朝、爆心地を抜けて己斐《こい》町の自宅に戻った。焼け崩《くず》れた市街は、見渡す限り焦土《しょうど》と化していた。靴底が熱い。黒焦げで転がった電車。すべての場所に屍臭《ししゅう》が漂《ただよ》い、川は遺体で堰《せ》き止められていた。

自宅に着いた。絶句した。「屋根を吹き飛ばされた家で、衰弱《すいじゃく》しきった母が私の帰りを待っていたのです」。

娘の身を案じた母のミネ。枕木《まくらぎ》の焼けた線路伝《づた》いに市の中心部へ入り、軟化《なんか》したアスファルトに足をとられながら、爆心地を歩き回ったのだ。

疲れ果てた母娘ともに、あの日降った「墨《すみ》を溶《と》いたような黒い豪雨《ごうう》」に濡《ぬ》れていた。舞い上がった土やほこり、煤《すす》を含んだ黒色の雨。強い放射能が含まれていた。コールタールのように皮膚《ひふ》にへばりつき、いくら洗っても拭《ぬぐ》っても落ちなかった。

「ろくに食べ物を口にしていない私に、母は、裏の畑で雨に叩《たた》かれた黒いトマトを拾い、食べさせてくれた。そのおいしかったこと……放射能の怖さなど知るはずもなかった」

原水爆禁止宣言

〈恐ろしく空虚《くうきょ》で不正義な　戦争という名の破壊事業〉――池田は長編詩「母」で謳《うた》っている。

母の本能の智性は　叫んでいるに違いない
人間よ
こんな気どりの勲章《くんしょう》のために
こんな虚像の名誉のために

こんな犠牲をつくる権力のために
なにゆえ　尊いこの生命を
路傍《ろぼう》の屍《しかばね》とするのか　と

ミネと綾子は、けが一つなかったのに原因不明の高熱とひどい下痢《げり》に襲われた。己《こ》斐《い》駅前でミカン箱を一つ置いただけの救護所。「赤チンと白いペンキのような軟膏《なんこう》ぐらいしかありませんでした」（小塚綾子）。そこで知り合った衛生兵の賢一と、綾子はのちに結婚する。

二年後、戦中に空襲も殆《ほとん》どなかった京都に移り住んだ。寝たきりになっていたミネ。「京都の水はおいしいなあ」「空気もおいしいなあ」と喜び、三カ月で死んだ。四十二歳だった。

綾子の苦しみは続く。常に体がだるく、真夏も寒気《さむけ》が止まらない。全身の皮膚に黒い斑点《はんてん》が広がり、髪が痛みもなく抜け落ち、歯茎《はぐき》から血が出た。

さらに、情報不足と偏見《へんけん》による「被爆者差別」におびえた。被爆した事実は夫の賢一と自分だけの秘密だった。賢一の家族にも黙《だま》っていた。「ただただ差別が怖かったんです」。

毎年八月、原爆を振り返るニュースを見るたび涙を流した。「お母ちゃん、なんで泣いてんの？」。不思議そうに見つめる娘にも隠し続けた。「子どもの将来が心配で……誰にも相談できずつらかった。今、福島の原発事故でも『放射能がうつる』とか、ひどいデマで苦しめられています。原爆の被爆者への差別もどれほどひどかったか……」。

◇

夫の賢一が「こんなん、むりやり持たされたわ」と一部の新聞を放り投げたのは、一九五八年（昭和三十三年）の三月だった。「聖教新聞」だった。記事を読んだ綾子は驚いた。「幸不幸の原因は何なのか、確信を込めて書いてありました」。夫に「聖教新聞」を持たせた山本よねの家を訪ね、とことん話を聞き、入会を決意した。反対していた夫も間もなく続いた。

半月も経《た》たないある日、賢一が「お前、二膳《ぜん》め、食べてるやないか」と目を丸くした。それまで寝たり起きたりの生活だったが、知らないうちに食欲が増していた。斑点も消えていった。どんどん仏法対話が楽しくなった。「絶望を乗り切る、負けない人生の道を初めて知りました」。

それでも被爆の事実は口外できなかった。このままでいいのか。これだけ苦しんでいる私が、戦争の愚《おろ》かさを、戦争を知らない世代に語らなくていいのか。悩み続けていた時、綾子は「原水爆禁止宣言」を知った。

◇

「原水爆禁止宣言」。池田の恩師、戸田城聖《じょうせい》が青年に向けて語った遺訓《いくん》である。

——核兵器は魔物《まもの》の仕業《しわざ》だ。核兵器を使う指導者は誰であれ、勝とうが負けようが、全員死刑にすべきである——。

綾子は全身が震えた。「戸田先生はこんな力強い宣言を残され、池田先生がその後を継《つ》がれた。私は世間から隠《かく》れるように生きてきた自分を恥ずかしく思いました」。ほどなく、小塚夫妻は京都・嵐山支部の支部長、支部婦人部長に任命された。六五年（同四十年）八月。被爆からちょうど二十年の節目だった。

今日まで綾子は京都、広島を中心に四十カ所以上で被爆体験を語り継いできた。

「原爆は、人間らしく死ぬことも、人間らしく生きることも許さない悪魔の兵器です」。そう語る綾子をはじめ多くの被爆者の証言を、学会の女性平和委員会が映像にまとめ、五カ国語で平和教材として使われている。

「宿命に泣く人生から、自分でなければ果たせない使命の人生に変わった。そのことが私の誇りです」

「雨中嵐山《うちゅうらんざん》」

京都の喫茶店――池田と小塚夫妻の懇談が続いている。「これは?」。池田は机に置かれた紙を手に取った。「雨中嵐山《うちゅうらんざん》」という詩だった。

中国の初代首相・周恩来《しゅうおんらい》は十代の頃、日本に留学していた。祖国への帰途《きと》、京都の嵐山《あらしやま》に立ち寄り、詩を詠《よ》んで「雨中嵐山」と名づけた。その後、周恩来は「五《ご》・四《し》運動」の激動の中で、妻となる鄧穎超《とうえいちょう》に出会った。

「池田先生の第五次訪中から二週間後、じつは学会婦人部も中国政府からの招聘《しょうへい》を受け、訪中しました。私はその訪中団の一員として、答礼宴《とうれいえん》で感謝の舞《まい》を披露《ひろう》することになっていました」(小塚綾子)

何を踊るか。一つしか考えられなかった。日中友好の象徴である「雨中嵐山」の碑《ひ》は、まさにわが右京区に立っている。あの詩に合わせた舞踊《ぶよう》しかない――訪中を目前にして、綾子は猛練習を重ねていた。

「雨中嵐山」の詩吟《しぎん》のテープに耳を傾《かたむ》けた池田は、「久しぶりに詩吟らしい詩吟を聴いたね」と喜び、「これは答礼宴ではなく、鄧穎超さんに直接、捧《ささ》げてはどうか」と提案した。

ちょうど一年前（一九七九年四月十六日）、京都の嵐山公園で行われた「雨中嵐山」の碑の除幕《じょまく》式。周恩来夫人の鄧穎超も出席した。その四日前、池田は都内で鄧穎超と会見している（単行本『民衆こそ王者』第一巻で詳述）。

第五次訪中でも、池田は鄧穎超と再会する予定になっていた。小塚夫妻に「私が先に行って、よく伝えておくからね」と言い、店を後にした。

◇

第五次訪中が始まった。「聖教新聞」で連日、池田の行動が大々的に報じられた。「時を置《お》かず訪中した私たちは、想像を超える歓待《かんたい》を受けました」（浅野三重子、婦人部訪中団副団長）。中日友好協会のスタッフは一行に語った。「池田先生はわが国に滞在中、三度、『私の後に来る婦人部をよろしくお願いします』とおっしゃいました」。

五月十三日午後、鄧穎超との会見が実現した（北京の人民大会堂）。「日本からの客人が『雨中嵐山』を舞うようだ」と知った鄧穎超。「皆も入りなさい」。会見場の外にいたスタッフたちも中に招き入れた。

場内に詩吟が朗々と流れる。「雨中嵐山」。その日本語訳を、池田は関西青年部総会で紹介している（一九九九年五月三十一日付「聖教新聞」）。

――雨の中、嵐山に来てみると、両岸の青い松の間に、数本の桜が光っている……霧雨《きりさめ》が、もうろうと煙《けぶ》るなか、ひと筋《すじ》の陽光が差してきた。同じように自分は、「人の世の真実とは何か」を求めて、霧雨の中を歩んできた。今、一筋の光が差してきたようだ。なんと美しいことか――。

綾子は無事に舞い収めた。「婦女連（中華全国婦女連合会）の康克清《こうこくせい》主席以下、居合《いあ》わせた人々は皆、泣いていました」（浅野三重子）。

中国の周恩来総理と池田の一期一会の出会い。学会側からは夫人の香峯子だけが会見に同席し、両者のやりとりを書き留めた
(1974年12月、北京の305病院) ©Seikyo Shimbun

「不倒翁《ふとうおう》」と呼ばれた周恩来逝《ゆ》いて四年。往時《おうじ》を偲《しの》ぶ涙だった。しかし、その場で涙を見せなかった人が一人いた。鄧穎超である。

舞い終えたばかりの扇《おうぎ》を受け取った鄧穎超は、「一生の宝にします」「池田先生から託《たく》された使命を、見事に果たされましたね」と笑顔で語った。そして、泣いている婦女連の幹部たちを鋭《するど》くたしなめた。

その一言は、綾子たちの胸にも鮮烈に響いた。

「涙は禁物《きんもつ》です。周総理は涙が嫌《きら》いでした。涙は前進を阻《はば》みます」

「〝私をご覧なさい〟と胸を張れる信心を」

「ほとんどの人は、いつか夫を亡くす。あなたは同じ運命に泣く人の友となり、味方となって生きていくんだ」(狩野よね子、山形)。「いずれは皆、誰でも一人になる。その時に『私をご覧なさい』と胸を張れる信心をしていきなさい。決して卑屈《ひくつ》になってはいけない。いつまでも明るく、若々しく」(引間ふじ、埼玉)。

「どんなつらいことがあっても、泣いてはいけない。泣いているだけではご主人を成仏《じょうぶつ》させることができない。あなたには御本尊様があるじゃないか。幸せになるんだ」(福住ふさゑ、大阪)――いずれも、夫を亡くした婦人部員に池田が語りかけてきた言葉である。

大阪・守口市に住む福山和子が、夫の晶雄の異変に気づいたのは夜中だった。一九八二年（昭和五十七年）の一月末。「急性心不全です。隣《となり》で『うっ』と言ったきり。あっという間でした」。自営の電気工事店を切り盛りしていた晶雄は四十六歳。学会の地元組織では本部長を務め、慕《した》われた。四十三歳の和子は守口圏婦人部長として奮闘していた。

中学二年の長女、小学五年の長男を抱え、途方《とほう》に暮れる和子のもとへ、池田から立て続けに激励が届いた。念珠が入った木箱の蓋《ふた》の裏には、池田の直筆で「祈　福運」と記されていた。主婦として暮らしてきた和子は、守口市内の会社で慣れない事務仕事を始めた。

◇

「夫の死から半年後、家族の近況と決意を綴って、池田先生の奥様に手紙を書きました」（福山和子）。数日後、一通の封書がポストに届いた。消印を見ると、長野県内からの投函《とうかん》。裏には青いインクで「池田香峯子」と書かれてあった。「まさかご本人から直接お返事が来るなんて。思ってもみませんでした」。

〈八月とは思へない、不順《ふじゅん》な天候が続くこの頃でございます。お便りありがとうございました。突然の御不幸にもめげず、働きながら圏婦人部長をおやりになられてい

らっしゃる事に心より敬服《けいふく》いたし、御健康を心よりお祈り申しあげます〉

池田から子どもたちへの伝言も書き添《そ》えられていた。〈お父様の代わりに、いつも見守っています、と伝えてあげて下さい、と申しております〉。

手紙は〈十年間、お子様の為《ため》に頑張ってあげて下さい……長野県松本平和会館にて〉と結ばれていた。

一年後、和子はもう一度手紙で近況を報告した。桜並木の絵はがきが届いた。「今度は石川文化会館からでした。どこにいても即座《そくざ》にお便りで励まされるんや、とびっくりした。ほんまにありがたかった」（福山和子）。

〈御苦労なさった分だけ、先《さ》きの幸せは大きいのが因果《いんが》の理法《りほう》です。これからもどうぞ御健康でご活躍下さいませ……北陸文化祭終了の日〉

◇

「お手紙にあった『十年間』を指針にした。学会活動も一歩も退《ひ》かなかった」と語る福山。簿記《ぼき》資格も取得し、二人の子が大学を卒業するまで、十一年働いた。京阪総合本部の副婦人部長として七つの市を三カ月ごとに担当した時は「忙しいけど楽しかった」。同じ境遇の婦人部員から「あなたがいるだけでホッとする」と慕われてきた。

「学会活動は相手が心を開いてくれるのがうれしい。そのためには一旦《いったん》、愚痴《ぐち》も文句も全部、聞かなあきません」。

関西文化会館近くで、池田から「ご主人の分まで頑張りなさい」「負けちゃだめだよ」と励まされる機会もあった。「もしも信心してへんかったら、『私は不幸な女なの』と愚痴《ぐち》って生きてたやろなあ」。小柄《こがら》な体を大きく揺すって笑う。「先生と奥様のおかげで、胸を張って生きてきました」。二十九年前、池田の提案で守口文化会館に植樹《しょくじゅ》された「福山桜」は今、隆々《りゅうりゅう》と枝を伸ばしている。

◇

一九八八年（昭和六十三年）四月、全国婦人部幹部会に出席した池田は「学会で最も大切な記念日である『五月三日』を『創価学会母の日』としたい」と提案した。「五月は世間でも『母の日』があります。しかし先生は『婦人部の皆さまを二重に祝福する月としたい』と、重ねておっしゃいました」（高柳洋子、総合婦人部長）。

五一年（同二十六年）に産声《うぶごえ》をあげた創価学会婦人部。二〇一一年、結成六十周年を迎えた。

第三章

昭和五十六年——大分、熊本

福山晶子《しょうこ》（熊本総県婦人部主事）は受話器の向こう側に耳を澄《す》ました。二〇〇一年（平成十三年）秋。七十三歳の誕生日だった。孫娘のうれしそうな声が聞こえる。「おばあちゃんの知ってる曲、弾《ひ》けるようになったんだよ。聞いてね」。耳元にバイオリンの穏《おだ》やかな音色が届いた。目頭《めがしら》が熱くなる。

「春　高楼《こうろう》の……」。福山は思わず、歌詞を口ずさんでいた。

「春　高楼の　花の宴《えん》
めぐる盃《さかずき》　影さして
千代《ちよ》の松が枝　わけ出《い》でし
むかしの光　いまいずこ」

「荒城《こうじょう》の月」。九州創価学会の人々にとって忘れられない歌である。

一九八一年（昭和五十六年）十二月。池田大作は、日蓮正宗《にちれんしょうしゅう》（以下、宗門）の僧ら

「広布の母」を心から讃える(1981年12月、大分市)©Seikyo Shimbun

の横暴《おうぼう》に苦しみ抜いた大分・竹田の同志とともに、岡城址《おかじょうし》で「荒城の月」を歌った。「池田先生はそのまま熊本にも来られ、宗門に痛めつけられた天草《あまくさ》や城《じょう》南《なん》の友と『田原坂《たばるざか》』を合唱されたのです」(福山晶子)。

第三代会長辞任から三度目の冬。池田は「第一次宗門事件」で甚大《じんだい》な被害を受けた地域を、相次《あいつ》いで訪れている。その反転攻勢《はんてんこうせい》の旅路《たびじ》を、「母」の視点で追った。

◇

「〝別府《べっぷ》一の貧乏〟と馬鹿にされてね」。岡本博幸(大分総県総合長)が語る。父の弘は大阪の鉄工所で働いていた。太平洋戦争の敗戦で仕事を失い、故郷の別府に引き揚げた。「屋根も壁もトタン張りの長屋《ながや》暮らし。水道もなかった」（長女の近藤信恵。別府王者圏婦人部副総合長）。母の睦野《むつの》と育ち盛りの三人の子ども。米もろくに食べられなかった。知人が睦野に創価学会の信心を勧《すす》めたのは、五六年（同三十一年）の師走《しわす》だった。

弘と睦野は「一家和楽《いっかわらく》の信心　各人が幸福をつかむ信心　難《なん》を乗り越える信心」と書いた紙を貼り、折伏に励んだ。やがて弘の勤め先も見つかった。

別府駅の長椅子《ながいす》

一九五九年（昭和三十四年）四月。「小学六年の春でした」。岡本博幸が夕刊の新聞配達に出かける前、母の睦野から声をかけられた。「東京からすごい人が来たのよ。別府駅まで見送りに行くからついておいで」。

早めに待合室に着いた。睦野は博幸を残して改札口へ見に行った。やがてコート姿の男性が待合室に入ってきた。「その人は木製の長椅子《ながいす》に座り、倒れ込むように横になった。かなり疲れた様子でした」。待合室にほとんど人はいなかった。何分経《た》っただろうか。改札口が賑《にぎ》やかになった。長椅子から跳《は》ね起《お》きた男性を、博幸は見上げた。

「その人は待合室から飛び出し、列車が来るまでプラットホームに集まった人たちと握手し、肩を叩《たた》き、声をかけ続けていました」。

博幸は中学を卒業してすぐ働いた。やがて本腰《ほんごし》を入れて学会活動を始め、池田の『若き日の日記』を手にした。闘病の記述が多い。〝あっ、そうだったのか……〟と気づいた。不意にあの光景が蘇《よみがえ》った。

母に手を引かれて行った別府駅。プラットホームで撮った記念写真をあらためて見直した。左端。白いトレパンをはいた自分。後ろに母がいる。写真の中央――三十人ほどに囲まれ、コート姿で微笑む男性――池田だった。「あのお疲れのなか、無理を重ねておられたのか」。博幸は言葉を失った。

別府駅で出会った前日――五九年（同三十四年）四月七日。池田は大分を初訪問し、県教育会館での指導会に出た。その夜も、翌朝も、宿舎で質問会が続いた。八日には宮崎、九日に鹿児島、十日に福岡、十一日に帰京……会長就任前の苦闘を物語るひとコマに、母と子は居合《いあ》わせていた。

「おふくろは『この場所で笑われてきたから、この場所で実証《じっしょう》を示す』と言っていた。後年《こうねん》、その通りの場所に個人会場が建ちました」。父の弘は初代の大分県長を務《つと》めた。博幸は別府圏男子部長として、会長辞任の嵐に立ち向かうことになる。

「素晴らしい質問です」

「読み書きは学会で学びました」。九十七歳の四童子《しどうじ》イトヱ。一九一四年（大正三年）、大分・佐伯《さいき》市の農家に生まれた。父を早くに亡くし、百姓《ひゃくしょう》仕事を手伝い、小学校も満足に通えなかった。五七年（昭和三十二年）八月に入会。ある時、池田を囲んだ質問会があった。「教学の質問が多く、仏法用語が飛び交《か》って、さっぱり意味がわからんかった」。

手を挙《あ》げた四童子。「私は難しいことは知らんが、主人が病気で、息子が不良で悩んでいます。この信心で解決できますか」と尋《たず》ねた。「素晴らしい質問です！」。池田は語気《ごき》を強めた。「四童子さんのような悩みを抱えていない人はいますか？」。誰も手を挙げない。池田は懇々《こんこん》と題目の力を語った。

悩みが解決し、確信を深めた四童子は、池田が九州に来るたび質問を重ね、指導を求めた。今、四童子の御書《ごしょ》（日蓮《にちれん》の遺文集《いぶんしゅう》）は、大半のページに赤鉛筆《あかえんぴつ》で線が引かれ、講義のための書き込みがある。弘教《ぐきょう》は二〇〇世帯を優《ゆう》に超え、対話の達人として慕《した》われた。

大分市内の賀来《かく》に住んだ頃は、近所の学生の面倒《めんどう》をよくみた。現在、国立埼玉病院に勤める小児科医の真路《しころ》展彰。大分医科大学時代、四童子に信心を教わった一人だ。「本当の名医とは、四童子のおばあちゃんのように、生命の底から人を蘇生《そせい》させる人のことだと思います」。そうした〝生命の名医〟たちを、池田は一人ひとり、手ずから育てていった。

「御書を学ばん人はころりとやられた」

一九六六年(昭和四十一年)五月、別府市光町に学会の別府会館が落成した。もとは民家で広間は二十畳ほど。小さな会館だった。

五月七日に同会館を訪れた池田は、記念の五葉松《ごようまつ》を植樹《しょくじゅ》した。「先生はひしゃくで松の根に水をかけながら、『根っこが大事だよ。信心も同じだ。根っこが大事なんだよ』と繰り返されました」(荒木明男、大分総県副総県長)。

池田が帰った後にも、忘れ難《がた》い出来事があった。「別府会館の向かいには、町内会長の自宅や米屋さん、自転車屋さんが並んでいたのですが、『あんたのところの会長さんはすごい人だねえ』と感心され、こちらが驚きました」。荒木は近隣《きんりん》の人々から、池田会長が我々のところにもわざわざ足を運ばれ、「これから大変ご迷惑をおかけしますが、よろしくお願いします」と丁寧《ていねい》に頭を下げていただいた、と声をかけられた。来館する直前、池田が自らあいさつに回っていたのだ。

◇

別府に建立《こんりゅう》された宗門の寿福寺は、この別府会館よりはるかに大きかった。大分・竹田の伝法寺とともに、現地の学会員が土地を探した。「卓袱台《ちゃぶだい》から湯飲み、鍋《なべ》、米まで用意して宗門に寄進《きしん》した寺です」（丸岡善治、参議）。そうした寺の僧らが、七七年（同五十二年）前後から全国各地で学会員を脅《おど》し、池田の中傷《ちゅうしょう》を繰《く》り返すようになった。「第一次宗門事件」。大分はその発端《ほったん》の地の一つである。僧らは学会員の誠意のうえにあぐらをかき、恩を忘れ、法を弘めるという本来の使命を見失っていた。

「寺に行くたび、池田先生の悪口を浴《あ》びせられた。わけわからんごとでした」。豊後《ぶんご》大野《おおの》市の麻生ケサヱ（大分戸田県婦人部主事）はノートを取り出した。当時の脱会者の名前が記されている。「悔しかった。その後もずっと対話に通《かよ》いました」。麻生の住む三重町は、竹田市と並んで宗門の横暴に悩んだ地域だ。「特に御書を学ばん人は、袈裟《けさ》を着た坊主にころりとやられた」。日蓮は、本来の務めを忘れて遊び暮らす出家《しゅっけ》者《しゃ》の本質を〈法師《ほっし》の皮を著《き》たる畜生《ちくしょう》なり〉（御書一三八六㌻）と断じている。

竹田市の臼杵《うすき》テル子（豊後池田圏婦人部主事）。「昨日まで一緒に活動してきた人らが、家に押しかけ、池田先生を悪く言って帰りよる。不思議でかなわんかった」。東京の動向《どうこう》は伝わってこない。「先生はお元気じゃろうか。どうなさっとるんじゃろうか」。大工の棟梁《とうりよう》だった夫の重信と、竹田の山奥で胸を痛める日々が続いた。

中津市に住む小久保俊男（大分総県長）。「先生が会長を辞任される半年前、十九歳の妹を交通事故で亡くしました」。葬儀《そうぎ》の数日後、寺の住職は、御講《おこう》に集《つど》った人々の面前《めんぜん》で「池田を信じているから、妹が死んだのだ」と暴言《ぼうげん》を浴びせた。小久保は必死で怒りをこらえた。県北の広大な地域を、一人の落伍者《らくごしや》も出すまいと駆《か》けずり回った。「信心は母に学びました」。小久保の母・エミ。常軌《じようき》を逸《いっ》した迫害《はくがい》の中、自宅の会場に集う同志たちを毅然《きぜん》として励まし、祈り抜いた。

◇

七八年（同五十三年）十二月、大分平和会館が落成《らくせい》するが、完成までの間、脱会者たちは「新しい会館は建たない」「我々は騙《だま》された」と騒ぎたて、十人、二十人とつるんで大分市新町の学会大分本部に押しかけた。週刊誌に煽《あお》られ、迷う人が増えていった。会館職員だった森保純子。県女子部長の亀井直子らとともに矢面《やおもて》に立った一人である。「ひと月で三〇〇通の脱会届が届いた時もあった。一通ずつ処理するごとに、胸が裂《さ》けそうだった」。

森保の母・ユリが信心を始めたのは五八年（同三十三年）。四人目の子である次男が先天性《せんてんせい》の盲目《もうもく》だった。父は酒に溺《おぼ》れ、平穏《へいおん》な家庭が崩《くず》れた。それから二十年、母の祈りは父を立ち直らせた。次男は無事に盲学校を卒業。社会人として立派に巣立《すだ》った。学会の温かさを肌身《はだみ》で感じてきた。そうしたかけがえのないつながりが、目の前で壊《こわ》されていく。「こんなことが一体いつまで続くんですか！」。先輩に泣いて問いかけた。

地獄《じごく》を浄土に変える

熊本でも宗門の非道《ひどう》は目立った。

日蓮は、四条金吾《しじょうきんご》という門下《もんか》に〈あなたが地獄《じごく》に入られたら、私も同じく地獄に行きましょう〉と書き残している（御書一一七三ジペー、趣意）。四条金吾は、日蓮が斬首《ざんしゅ》されかけた竜《たつ》の口《くち》の法難《ほうなん》に命がけで同行した。池田はこの御書をもとに、折に触れて師弟の絆《きずな》の強さを語ってきた。

弟子が地獄へ行けば師も地獄へ行く。師が地獄へ行けば弟子も行く。そして地獄そのものも浄土《じょうど》へ変えていく。これこそ仏法の力ではないか――日蓮の一節はそのまま、苦境《くきょう》の戸田城聖《じょうせい》を支え、その遺志《いし》を継いだ池田の信条《しんじょう》でもあった。

一九七九年（昭和五十四年）四月、熊本の寺。檀徒《だんと》は畳《たたみ》に座り、学会員は庭に立たされた。聞こえてくる「説法」に、村田徹（熊本総県副総合長）は耳を疑った。「池田先生が御書に基《もと》づき訴えてきた師弟のあり方を揶揄《やゆ》する話でした。檀徒は喜んで奇声《きせい》をあげた。信じがたいありさまだった」。

◇

四月二十四日、池田の会長辞任が発表された。大分平和会館では聖教新聞の販売店主会が開かれていた。矢野幸太郎（大分牧口県副県長）は、誰かが「おい、テレビに池田先生が出てるぞ」と叫《さけ》んだことを覚えている。一階の事務所に駆け込んだ。「会長勇退《ゆうたい》」のニュース。誰もが寝耳《ねみみ》に水である。「意味がわからんかった。放心《ほうしん》状態になりました」（矢野幸太郎）。

「なんでや」「学会はどうなるんや」。不安が走り、騒然《そうぜん》となった。「うろたえてはいかん！」。声が響《ひび》いた。県書記長の山本武（総九州長）だった。「動揺《どうよう》してはいかんぞ。敵の思うつぼやないか。我々の師匠が池田先生であることは変わらん」。山本は宗門や脱会者に対応する責任者だった。「悲しみよりも、負けてたまるかという怒りのほうが強かった」と振り返る。

山本の父・繁は腕の立つ一級建築士だった。朝鮮戦争で物価が高騰《こうとう》し、会社は倒産。脳溢血《のういつけつ》で倒れた。一家で入会したのは五八年（同三十三年）の夏である。「苦しくても勉強だけはしておきなさい」。母のフミエと姉の恵子が大分大学への進学を助けてくれた。

日蓮の重書《じゆうしよ》「御義口伝《おんぎくでん》」を、池田自身が毎月、学生代表に講義する「御義口伝講義」。九州から十人が参加した。山本もその一人だった。「交通費の七〇〇〇円を工面《くめん》するのに苦労しました」。小さな英語塾を開き、一日三軒の家庭教師をかけもちした。母のフミエが質屋《しちや》に着物を預《あず》け、旅費をそっと渡してくれることもあった。

急行「高千穂《たかちほ》」号の二等席で丸一日揺《ゆ》られた。顔を東京駅の洗面所で洗い、池田の講義に臨《のぞ》んだ。「あの出会いで人生が変わった。先生から『広宣流布《こうせんるふ》』という理想を教わり、生きる希望が見えた。坊主から信心を教わった覚えはない」。

七九年（同五十四年）七月、法主の日達《にったつ》が死去。別府の寿福寺でも通夜が営《いとな》まれた。檀徒総代《そうだい》だった荒木明男。「早めに本堂に着いたら、突然『通夜《つや》の導師《どうし》をしてくれ』と頼まれたんです」。用事ができたという住職の代理で急遽《きゆうきよ》、通夜の導師を務めた。「あれには呆《あき》れた」と荒木は語る。

「宗門は〝葬儀で坊主が導師をしないと、故人も遺族も地獄行きだ〟と脅《おど》して学会員を困らせてきた。その宗門自身が、〝御法主上人猊下《ごほっすしょうにんげいか》〟の通夜の導師を、在家《ざいけ》にやらせたんです」。学会攻撃を繰り返した僧らの一部は翌八〇年、「正信会《しょうしんかい》」と名乗り、やがて孤立《こりつ》していく。

「必ず大分に行くよ」

「大分のリーダーは皆、『今回の問題の発火点であるこの大分に、池田先生を無事、迎えることができれば、それが学会の勝利だ』という思いで戦いました」（森保純子）

会長辞任の一九七九年（昭和五十四年）以降も、週刊誌などの中傷記事は増える一方だった。そのなかで大分は、会長辞任の翌八〇年、八一年と、かつてない弘教を行い、九州一の結果を勝ち取る。宗門事件で全体の約一割が脱会したが、ほぼ元通りの陣列《じんれつ》に戻した。袋叩《ふくろだた》きに狂奔《きょうほん》する一部マスコミと、一対一の対話と、どちらが人の心に響くのか。一つの結果を示したといえる。

◇

大分県本部長だった丸岡善治。「師と弟子の間を切り裂《さ》く。それが敵の狙《ねら》いでした」。池田のもとへ大分の首脳十六人で駆けつけた（一九七九年十一月二十一日、箱根研修所

〈当時〉）。何を報告するか。夜行列車で寝ずに話し合った。

「竹田は」「日田は」「別府は」……池田との懇談は二時間近くに及んだ。

その最後に丸岡たちは「先生から大分の支部長、支部婦人部長全員に年賀状を送っていただけませんか」と頼んだ。「異常事態のなか、なんとかして現場を励ましたかった。失礼を承知でお願いした」。池田は快諾《かいだく》。「数が少ないな。もっと多く出そう」と大分の名簿を取り寄せた。県下の二〇〇〇世帯を超える郵便受けに〈瑞春《ずいしゅん》〉〈創価学会名誉会長　池田大作〉と記された年賀状が届いた。「本当にびっくりした。何よりの励みになりました」（子守敏之、大分創価圏副圏長）。

八〇年（同五十五年）秋――池田は丸岡たちを自宅に招いた。体調が優れず、創価大学での行事を休んだ日だった。妻の香峯子が手料理でもてなした。「大分のことを話してごらん」。徐々《じょじょ》に盛り返す最前線の様子を夢中で伝えた。

翌八一年夏――大分県青年部長だった竹中万寿夫は「大分に少年少女部（小学生のグループ）の合唱団が誕生しました」と池田に報告している（八月九日、山梨研修道場）。「皆、大成長して、列車に乗って全世界を駆け巡る人材になってほしいなあ」と目を細める池田。「大分列車合唱団」と命名した。「この時、先生は『必ず大分に行くよ』と言われました」（竹中万寿夫）。弘教の勢いはいちだんと増した。

竹中の母サダヱが入会したのは五七年（同三十二年）五月。脊椎《せきつい》カリエスを治したい一心だった。「家を座談会の会場にしましたが、すきま風が通るバラック。雨が降るとバケツとタライが必需品《ひつじゅひん》でねえ」と笑う。薄紙《うすがみ》をはぐようにサダヱの病状は好転していった。

万寿夫は明治大学に進学した。父の国重とサダヱは重労働の布団業《ふとんぎょう》に精を出し、食費を切り詰め、仕送りを絞《しぼ》り出した。実家から東京に届く皺《しわ》だらけの百円札に万寿夫は胸を熱くした。弟の公剛は創価大学（一期生）に合格。「その朗報を聞いてから、父は亡くなりました」（竹中万寿夫）。九十一歳の今も眼鏡なしで新聞を読むサダヱ。「池田先生の仕事を手伝えるわが子に育てる。それだけが私の願いでした」と語る。

池田はニューヨークの友に贈った長編詩、創価大学での講演「迫害《はくがい》と人生」、四国でつくった「紅《くれない》の歌」と、反転攻勢の道を一歩ずつ進んできた（単行本『民衆こそ王者』第二巻で詳述）。内外の蠢動《しゅんどう》に耐えた日々。その陰《かげ》には幾多《いくた》の母たちの祈りがあった。

八一年（同五十六年）十二月八日、午後三時二十分。「来たよ！」。大分空港に池田の声が響いた。

今も語り継がれる九日間の九州指導が始まった。

「断腸《だんちょう》の日々なりき」

別府圏本部長の宗亮作《そう》。顔をくしゃくしゃにして泣いていた。「別府文化会館に着かれた先生は宗さんに『泣くんじゃないよ。私が来たんだから、もう大丈夫だ』と声をかけられました」（佐藤寿治、別府英雄圏総合長）。池田は居合わせた友と勤行した後、「長い間、宗門問題で苦しい思いをさせて申し訳ない」「皆さんは勝ったんです」と語った。「もう私が来ましたから、安心してください。あとは幸せになって、最高の人生を生き抜いてください」。

その日の夜。約四〇〇人が参加した懇談会（大分平和会館）で、池田は「悪知識《あくちしき》」（＝仏道修行を妨《さまた》げる存在）を破折《はしゃく》する御書を拝読《はいどく》した。

〈悪知識と申すは甘くかたらひ詐《いつわ》り媚《こ》び言《ことば》を巧《たくみ》にして愚癡《ぐち》の人の心を取って善心《ぜんしん》を破る〉（唱法華題目抄、御書七ページ）。

そして続けた。「大分の地においても、どれほどか大勢の人が、悪知識のために悩み、苦しみ、嫌《いや》な思いをしたか。それは言語に絶《ぜつ》するものがある。その時の私の気持ちは、昭和五十二年に書いた、何枚かの原稿があります。それをそのまま、大分に持ってまいりました」「もう一つは、聖教新聞社でつれづれに書いた原稿です」。

これらの内容は、二十三年後の二〇〇四年（平成十六年）に公表された。

一つめの原稿は〈宗門問題起こる。心　針に刺《さ》されたる如《ごと》く　辛《つら》く痛し〉という書き出しで始まる。一九七七年（昭和五十二年）十二月四日、悪化する宗門との関係を修復するため、池田は宮崎の定善寺を訪問。法主の日達と話し合う場を設《もう》け、その対話は宮崎市内でも続けられた。その日、宿舎で書いた文章である。


〈広宣流布のために、僧俗一致《そうぞくいっち》して前進せむとする私達の訴えを、何故《なにゆえ》、踏みにじり、理不盡《りふじん》の攻撃をなすのか〉

〈大折伏《だいしやくぶく》に血みどろになりて、三類の強敵《ごうてき》と戦い、疲れたる佛子《ぶつし》に、何故、かかる迫害を、くりかえし来るのか、私には、到底《とうてい》　理解しがたき事なり〉

〈尊くして　愛する　佛子の悲しみと怒りと、侘《わび》しさと辛き思いを知り、断腸《だんちょう》の日々なりき。此《こ》の火蓋《ひぶた》、大分より起《おこ》れり……誠に無念なり〉


丸岡は「『君達にばかり苦労はさせない。私も一緒に苦しんだのだ』という先生の心が、そのまま形になったような原稿でした」と語る。

もう一つの〝聖教新聞社で書いた原稿〟は、〈昭和五十四年　四月二十四日（火）晴れ　次第に　曇《くも》りゆく〉という書き出しで始まる。

〈聖教本社　一階ロビーにて、記者会見　七時より　私は七時三十二分に出席せり……宗門の厳《げん》たる未来を思いつつ、学会の将来を　そして、愛する会員同志のことを深く思いつつ、この電波、電撃《でんげき》の如《ごと》く　日本中に走り響きゆく　一夜であれり　后（＝午後）八時五十五分　記す〉

――「池田先生の歴史を永遠に残すため、この二つの原稿の原本は、学会本部に戻しました」（山本武）

◇

「悪知識とは真っ向から戦って結構です」。池田を中心に懇談が続く。「彼らは学会員を見下《みくだ》し、侮辱《ぶじょく》し、尊厳《そんげん》を踏みにじり、邪悪《じゃあく》な言葉を使いながら、人間としてこれ以上ないくらい理不尽《りふじん》なことをしてきた……仏法は勝負です。皆さんは正しかったんです」。

池田の言葉に嗚咽《おえつ》をもらす者もいた。参加者のなかには、読み書きができなかった四童子イトヱもいた。別府一の貧乏と言われた岡本弘もいた。弘の妻、睦野――五日間の大分指導の間、一度も池田と会わなかった。「おふくろはあの五日間、先生の旅の無事を祈り、自宅で題目をあげていました」（岡本博幸）。

また、池田は地元に親しまれてきた会場の幾つかを訪問している。

県東部の国東《くにさき》の功労者、和田ハルヱ宅（十二月八日）。「和田さえ落とせば地元組織はつぶせる」と攻撃の標的《ひょうてき》にされた。「学会員を取り込もうと、檀徒は畑仕事の最中にも押しかけてきた。母は『盗人《ぬすっと》するな！』と一喝《いっかつ》して追い返しました」（田島京子、大分牧口県総合婦人部長）。

池田が婦人部幹部と語り合った円城寺美智子宅（九日）。敗戦で満州《まんしゅう》から引き揚げ、大分の草創期《そうそうき》を支えた一人だ。

一連の行事役員をねぎらった個人会館（十一日、平井会館）。「竹田出身の母・英子が〝皆さんが気兼《きが》ねなく使える会場を〟と完成させました」（娘の佐藤真理子。福岡市、支部副婦人部長）。懇談会の席上、音楽教室を営む真理子はピアノを演奏した。「あなたの好きな曲を」と池田から言われ、「荒城の月」を弾《ひ》き語りした。

その時、池田は「竹田に行きたいなあ」と周囲に語りかけている。

◇

大分平和会館に続々と人が詰めかけた。「一番大切なのは民衆です。いわんや、御本尊を持った民衆は、何ものも恐れる必要はない。これが創価学会の底力《そこぢから》です」（九日、県幹部会）。池田は「弾圧《だんあつ》があるのは信仰の宿命であるといっても過言《かごん》ではない」とも話している（十一日、自由勤行会）。

「ここ数年、大変理不尽《りふじん》な暴言、攻撃を受け、苦しめられ、そのつらさはひとしおだろうと思います……（昭和）五十一年頃から、一部のマスコミと連携《れんけい》をとりながら、学会をつぶそうとする陰謀《いんぼう》だった……徐々にそれが明確になりました」

「これだけの大難《だいなん》をよくぞ乗り越えてこられた……皆さんが幸せになれば、私がどんなにいじめられても、全部、勝利です。もっと功徳《くどく》をもらってほしい。それが私の願いです」

十二月十日午前。池田は大分平和会館の屋上から周辺を見渡した。近接する新大分球場を指さし、井手督郎（大分総県総主事）たちに「あの球場で文化祭をやったら素晴らしいだろうね」と語っている。

五カ月後、同球場で大分平和文化祭が実現した。県知事をはじめ来賓二五〇〇人が出席した。

「先生が一つ提案されるごとに、古い大分が音を立てて変わるのを感じました」（井手督郎)。

十日、池田は激励の合間を縫《ぬ》って、四〇〇行を超える長編詩をつくった。「青年よ二十一世紀の広布の山を登れ」である。この八一年と翌八二年、学会は二年連続で「青年の年」というテーマを掲げていた。

新しい学会の出発だ

男子部の運営役員だった吉田誠。「十日朝、会館前の駐車場で池田先生に呼ばれました」。創価班(会合を運営するグループ)など、居合わせた十数人との懇談が始まった。「今しかない」。吉田は思った。母の庚子《みちこ》から「もし先生にお会いすることがあれば、渡して」と手紙を託《たく》されていた。

父が妻子を置いて家を出ていったのは、誠が中学二年の時だった。庚子は地元で書道教室を開き、子どもの学費を稼《かせ》いだ。永石《ながし》支部で支部婦人部長を務め、折伏は一二〇世帯を超えた。地域の人々がどれほど宗門にいじめられたか、池田宛《あ》てに、つぶさに綴《つづ》った。「美しい字だなあ。あとで必ず読むからね」と応《こた》えた池田は、封筒を妻の香峯子に手渡した。「翌日、先生の筆で『吉田桜』と揮毫《きごう》された色紙《しきし》が届きました。

母はこの色紙を誇りにして、八十八歳まで生き抜きました」。

◇

「みんな女子部かい？」」。大分平和会館の一階廊下。池田は、ばったり出会った四人の婦人部員に声をかけた。中村介子《よしこ》、小﨑桂子、村井ハツヱ、宗加保留《そうかほる》。別府で苦労してきた。「皆、立派なおばさんでしたけど、『はいっ！』と返事しました」（小﨑桂子）。

「一緒に勤行しよう」。廊下《ろうか》の奥にある管理者室に向かった。松田純之助（大分総県副総県長）。「昼の一時前でした。先生は六畳の仏間に入られました。まさかあんな小さな部屋で、あのあと口述《こうじゅつ》筆記が始まるとは、想像もしていませんでした」。

唱題を終えた池田は、大分名物の鳥天《とりてん》入りの弁当を四人に振る舞い、一緒に昼食をとった。「懇談の合間も、分厚《ぶあつ》い手紙の束《たば》をどんどん読み進めておられました」（中村介子）。

「入会当初、座談会に集まる人のなかには、下駄《げた》の歯がなくて、草履《ぞうり》だか何だかわからないようなものを履《は》いている人もいた」と九十一歳の村井は語る。「でも皆、人がよかった。悩む人をバカにせず、温かかった。この同志の世界を守ろうと思い、懸命に生きてきました。青年への指針を発表される直前にお会いできたことは、生涯の誉《ほま》れです」。

「突然、立ち上がった先生は一言、『よし、やろう！』と言われました。それが合図でした」（小﨑桂子）

◇

大分に到着した八日夜、池田は「学会は一切を青年に託《たく》してきた」「青年に何か書き贈りたい」と語っている。十日午前も青年部首脳らと打ち合わせを重ねていた。大分の青年部からはほとんど退転者が出なかった事実も報告された。同行した聖教新聞記者の白井昭。「学会の未来を青年に託したい。青年しかない。四六時中、そう考えておられた。あの六畳の仏間で、それまでの思索が奔流《ほんりゅう》のように噴《ふ》き出たのだと思います」。

「なぜ、山に登るのか……」。口述が始まった。婦人部四人が仏間を出て、青年部が五人がかりで筆記し始めた。口述は切れ目なく約四十分続いた。「清書《せいしょ》しておいて」。

午後三時半、池田は市内の懇談会場へ向かった。

中津を中心に活躍した井上次雄。〈懇談の折、先生は「さあ、新しい学会の出発だ！」とおっしゃった。その一言に胸が燃えた〉と書き残している。この懇談の最中も、池田は長編詩に追加する文言を次々に指示した。懸命に書き取った笠貫由美子

（副総合婦人部長）。「先生の目の前に原稿はないのに、追加すると、まるで原稿を見て書いたかのようにピタリと表現が当てはまりました」。

「『急いで来て！』と管理者室に呼ばれ、数人で清書を手伝いました。原稿のいたるところに追加や赤字、矢印が書き込まれていました」（川内知與子。別府市、支部副婦人部長）

夕方五時半。池田は大分平和会館に戻った。「玄関で『原稿はどうなった！』と叫ばれ、ものすごい気迫で一階の応接室に入られました」（松田教子、大分池田県副婦人部長）。

夜七時から、二五〇〇人の県青年部幹部会が行われる予定だった。すでに館内は満員である。長時間、待たせられない。会合スタートを六時過ぎに切り上げた。さらに激しい推敲《すいこう》が続く。「行くぞ」。池田が会場に入ったのは六時五十三分だった。

「信心の二字だけは敗《やぶ》れてはならない」

池田は前方に座っていた青年部男女五人を次々に指名し、「何か、あいさつを」と促《うなが》した。そのなかの一人、林眞二（別府市、本部長）は入会六年目だった。「先生の目の温かさと、場内の熱気が忘れられません」。

席上、池田は「冥益《みょうやく》」の話をしている。「冥益とは、子どもがだんだん大きくなるように、雪がだんだん積もるように、木がだんだん大木になるように、すぐ目には見えないけれども、自分自身に功徳の滋養《じよう》をあげることだ。そうやって山を乗り越えるんです」。

「全国の青年部が、諸君の今日の様子を知りたいと待っている……諸君に責任を、願いを、託《たく》する儀式をここで私は残しておきたい」。長編詩の清書は一部分が間に合わず、赤字だらけのままだった。「発表する方《かた》の手が震えていたことを覚えています」

(山田トモエ。別府市、支部副婦人部長)。

「……今日も太陽は昇る。春の桜の朝《あした》にも、かの炎熱《えんねつ》の日々にも、紅葉《もみじ》の秋にも、吹雪と嵐の曇天《どんてん》にも、悠然《ゆうぜん》と太陽は昇る……若き君達よ、青春とは太陽の異名《いみょう》である」

朗読が進むにつれ、「願いを託する儀式」という池田の言葉の重みを、参加者たちは徐々に実感していった。

「私は諸君の成長をひたすら待っている。否《いな》、祈っている。それしか広宣流布の道がないことを知っているからだ」

「今、君達が存在するその場所で断じて勝たねばならない……かりに、不運にも姿は敗れることがあったとしても信心の二字だけは決して敗れてはならない……」

朗読が終わった。余韻《よいん》にさざめくなか、池田は語った。「明日の新聞の三面に、そのまま出ますから、今日は忘れて結構です」。笑いが弾《はじ》ける。「大分の地で、今日の大切な儀式を踏《ふ》んだことを、皆さん方の誇りとしてください」。

会長辞任後、これだけの長さの池田の詩作が発表されたのは初めてのことだった。

翌年の五月、この長編詩を原型として、女子部合唱文化祭のテーマ曲「青年よ　広布の山を登れ」（作詞＝山本伸一、構成＝野田順子、作曲＝甲斐正人）が生まれた。雄大《ゆうだい》な曲と簡明《かんめい》な詞は、年を経《へ》るにつれて広く親しまれ、池田の描いた理想、青年への期待を象徴する歌となっている。

愛する君達よ　君らこそ
悠々《ゆうゆう》たる大河の流れだ
この流れは　誰人にも
止めることはできない
いかなる妨《さまた》げがあろうとも
さらにさらに

水かさを広げながら
海原《うなばら》に向かって
流れていくに違いない

青年とは　希望とは　真実とは
広宣流布という
友のための法戦を
貫《つらぬ》きゆくことなのだ

長編詩発表の二日後（十二月十二日）。朝、丸岡善治たちは報告することがあり、池田の部屋を訪れた。「先生は、壁《かべ》に向いて横になっておられました」。「やあ」と起き上がった池田。「実はよく眠れなかったんだよ」と微笑《ほほえ》んだ。「大分のみんなのことを思うと、かわいそうで、かわいそうで」。絶句《ぜっく》する丸岡に、池田は語った。「会えなかった人たちに、私の代わりに、私の心を伝えてくれないか」。

九時半、会館に集まっていたメンバーと勤行《ごんぎょう》。十時、池田たちを乗せたバスは、竹田市の岡城址《おかじようし》に向けて出発した。

母たちと登った石段

岡城が築かれた断崖《だんがい》は、稲葉川と大野川（白滝川）に囲まれている。一五八六年（天正十四年）、二万を超える島津の軍勢が岡城に襲《おそ》いかかった。周辺の城が次々と落ちていくなか、十八歳（一説には二十歳）の城主・志賀親次《ちかつぐ》は、わずか一〇〇〇余の手勢《てぜい》で岡城を守りきった。敵将の島津義弘は親次を「天正の楠木《くすのき》（正成《まさしげ》）」と讃《たた》えた。城跡《しろあと》は今も発掘調査が続いている。

竹田支部の支部長だった佐田俊夫。「若き日から『荒城の月』を愛唱された池田先生を、この古城《こじよう》に迎えることが私たちの長年の夢でした」。

作曲家の滝廉太郎《たきれんたろう》は、少年時代に遊んだこの岡城址を思い「荒城の月」を作曲したといわれる（一九〇一年）。作詞した土井晩翠《ばんすい》は、早世した滝を偲《しの》んで〈世界にひびく韻律《いんりつ》は　月照《つきて》る限り朽《く》ちざらむ〉と記した。

「その本丸跡《ほんまるあと》まで登ったほうがいいのか」「ぜひ登っていただきたいと思います」。揺れるバスの中で、山本武は池田夫妻に岡城址の説明をしていた。竹田行きが正式に決まったのは前日、十一日の夜だった。岡城址の駐車場にあるレストランで竹田本部、三重本部の代表と懇談することまでは決まっていた。妻の香峯子が加勢《かせい》した。「もう二度と来られるかわからないのですから、登ったほうがよろしいのではありませんか?」。この一言が決め手となった。

◇

続々と岡城址に人が集まる。自宅から一時間、二時間の道のりを歩いて集う人々もいた。先発していた丸岡善治と九州総合長の吉橋侃《あきら》は、三〇〇人前後を本丸跡まで先導した。

本丸跡まで続く石段は、登りきるまで十五分ほどかかる。足を痛めていた田﨑アヤ子（竹田市、支部副婦人部長）は杖《つえ》をついて登った。「途中から青年部の方に支えてもらった。本当に助かりました」。老人を背負って登る男子部員もいた。千年の盛衰《せいすい》を見つめてきた石段を、衣《ころも》の権威の暴風雨に耐えた母たちが、黙々《もくもく》と踏みしめていった。

バスを運転していた坂下英雄（千葉・副本部長）。「駐車場に降り立った先生と奥様に、駆け寄る学会員さんの表情、涙……一生忘れられません」。

その駐車場での一部始終を、「創価学会が大嫌いだ」という男性が見ていた。後藤直樹。三十一歳の板金《ばんきん》職人だった。「妻と三歳の娘を、車で岡城址まで送りました。

正直、行きたくなかった」と笑う。

妻の由美子（豊後池田圏副婦人部長）。「夫は信心に猛反対で。御本尊は押し入れに安置して、夫が仕事に出たら静かに題目を唱えていました」。会合にも参加できない月日を重ねていた。「『この日だけはお願いします』という妻の真剣さに押されて、仕事の都合《つごう》をつけたんです」（後藤直樹）。

由美子が三歳の娘を連れて本丸跡へ登っていく。直樹は駐車場の入口近くに車を駐《と》め、車内で待った。「父も叔父《おじ》も学会嫌《ぎら》い。宗教指導者なんて、どうせ威張《いば》りちらしているんだろう、と私も決めつけていた」。

ゆっくりと池田の乗ったバスが入ってきた。目の前で止まった。抜けるような青空の下、車の窓越しに見た光景が直樹の人生を変えた。「身震《みぶる》いするような、人間のすごい力を感じた」と振り返る。「庶民《しょみん》の海の中に、自分から飛び込んでいく人、というか……週刊誌が言ってきたことは一体何だったのかと思った」。

池田が岡城址を出発する場にも居合わせた。「信心もしていないのに、なぜか泣けてしかたなかった」と語る。「なんというか、仕事とか、今までのいろんな苦労が報《むく》われた気がした。あの場にいて本当によかった」。

三カ月後、直樹は信心を始める。「すぐやりたかったが、それまで反対してきた手

学会員の勇姿をカメラに収める（1981年12月、岡城址）©Seikyo Shimbun

前、妻から声をかけられるのを待ちました」と苦笑いした。地元の地区部長も務めた。後藤夫妻の自宅は、竹田支部の中心会場となって今年（二〇一一年）で二十五年目を迎えた。三歳だった娘の奈津美は今、大分総県女子部長として活躍している。

◇

三の丸跡から二の丸跡へ。左手に久住山《くじゅうさん》に連《つら》なる山々が見える。池田は空井戸《からいど》の前で男子部員たちと握手を交わした。その一人、吉岡順一（大分戸田県副県長）。「母のチスは、私の兄の小児麻痺《しょうにまひ》と、父の酒癖《さけぐせ》が理由で信心を始めました。踏《ふ》まれても蹴《け》られても題目をあげ抜く人でした」。兄は少しずつ自分で歩けるようになり、順一と同じ会社で働いた。父の重光もやがて母と折伏に歩くようになった。

握手を終え、池田が男子部に呼びかけた。「君たちのことは生涯忘れない。私についていらっしゃい」。

最後の急な石段を登りきり、本丸跡に着いた。吉岡は、池田の肩越しに、沸《わ》き起こる歓声を聞いた。春のような風が頰《ほお》をなでた。孫を抱いて師の前に立つ、母の笑顔が見えた。

やがて「荒城の月」の大合唱が、岡城址に響《ひび》きわたった。

「会った人も大事だが、会わなかった人は、もっと大事だ」

池田は岡城址で多くの写真を撮った。太鼓《たいこ》櫓《やぐら》跡で鈴なりに並んだ学会員、はるかな山並み……二の丸跡の石垣を撮る時は崖《がけ》のきわまで近づいている。「難攻不落《なんこうふらく》は、この石垣のおかげだね。日本に幾つもない石垣だ」。

「駐車場を出発するバスを、手がちぎれるくらい振って見送りました」（麻生ケサヱ）。

曲がりくねった道を、バスは右、左、右と向きを変えた。そのたびに池田夫妻は車内を移動し、手を振り続けた。

目まぐるしい日程の中、池田と会えなかったメンバーも数多くいた。衛藤昇《えとうのぼる》。竹田を擁《よう》する豊後池田圏の圏長を務める。「あの日は両親と妻の四人で、家で題目をあげていました」。大正生まれの父・九州人《くすと》と母・ハルヱに信心を学んだ。

中学生のころ、よく家族全員で座談会に行った。三重町での会合から帰る時は、家のある清川町まで十三、四キロの山道を歩いた。「闇夜《やみよ》に提灯《ちょうちん》を掲げ、学会歌を歌って、体の弱かった姉に歩調を合わせて。最高の思い出です」。「そうやって築かれた創価の世界は海外にもたくさんあります。先生の一度も来られていない国で、信心に励む友に、今こそ学ばねばならんね、と声をかけ合っています」。

◇

「私と会った人も大事だが、会わなかった人は、もっと大事だ」。池田はのちに語っている。

「旅の無事を祈り、真剣に題目をあげ続けてくださったんだ。その方々と、私は心で会った。その方々のおかげで、学会は勝ったんだ」

トンネルを抜けたバスは、国道五七号を熊本へひた走った。

「萱《かや》の嬉《うれ》しき　金の家」

「あれはうちの凧《たこ》だね。あそこが会館だな」。同行スタッフより早く池田が見つけた。三つの凧が空高く舞っていた。

十二月十二日午後二時過ぎ、阿蘇《あそ》の九州白菊《しらぎく》講堂に到着。もくもくと煙がのぼっている。「猪豚《いのぶた》を使った〝師子汁《ししじる》〟を煮ていました」（宮本和子、城北本陣県婦人部主事）。すたすたと近づいた池田は「何つくってるの？」。裏方の女性四十人に「エプロン・グループ」と命名した。

大凧を揚げたのは高校生たちだった。「寒かったろう。見たよ、見たよ。ありがとう！」。本田雄三（熊本平和圏長）の冷えた手を両手で包んだ。

会場いっぱいに菊を飾った女子部の有志には〈白菊の　その名の如《ごと》き　乙女等《おとめら》が茜《あかね》の夕日に　瞳《ひとみ》ひかりぬ〉、壮年が徹夜で完成させた茅葺《かやぶ》き小屋には〈まごころの萱《かや》の嬉《うれ》しき　金の家〉と、次々に詠《よ》んで贈った。三本の植樹に「池田䵷《もち》」「熊本桜」「城北つげ」と命名。「なぜ池田とつけたかわかるか」。東京から来た最高幹部に問うた。黙ったまま答えられない。池田は自分の胸に手をあてた。「阿蘇は私の、ここに

熊本・阿蘇の九州白菊講堂で役員として奮闘する婦人部にねぎらいの言葉をかける（1981年12月）©Seikyo Shimbun

あるんだよ」。

二時間半ほどの滞在を終え、熊本文化会館へ。実情をじっくりと聞いて「文化祭をやろう。三〇〇〇人の来賓《らいひん》を呼ぼう」と提案した。

翌十三日夜。二〇〇〇人の県幹部会を終えた後、池田は聖教新聞熊本支局に立ち寄った。「新聞はまだかな」。聖教新聞十四日付の早版《はやばん》を載せたトラックが、福岡から向かっていた。平川照規（福岡市、副本部長）が五十部ほどの新聞を抱えて支局に入った。「届きました！」。池田が一面をめくった。のぞき込んだ全員が唸《うな》った。岡城址での記念撮影の写真が二・三面の見開きで載っている。同紙で初の試みだった。九州指導に同行した記者の松川宜照《よしてる》。「あの岡城の本丸跡から下りる前、先生は『（写真を）見開きで出せるか』と提案されていました」。

一九八一年（昭和五十六年）の師走《しわす》、この竹田の記念撮影をしのぐ大きさで見開き二・三面をぶち抜いた地域が、熊本と小田原だった。

◇

十三日の午後、池田は学会員が営む喫茶店を訪問し、熊本のリーダーたちと懇談している。「先生自らカウンターに入ってコーヒーを注いでくださり、話しやすい雰囲気をつくってくださった」（坂田良子、熊本池田県婦人部主事）。坂田は天草《あまくさ》を担当していた。各地の状況が次々と報告された。

日程上、すべての地域を回ることができない。翌十四日は久留米《くるめ》、八女《やめ》などを訪問する。「十五日、熊本文化会館に各地の代表が集えることが決まり、大急ぎで連絡を回し始めました」（高田葉子、熊本城南県婦人部主事）。

幸福の地下水脈

「宗門による被害がひどかった地域は天草、城北の阿蘇、とりわけ城南の八代《やつしろ》、人吉《ひとよし》、

水俣《みなまた》が厳しかった」(勝木昭八郎、熊本総県総主事)

学会が寄進した水俣の知見寺《ちけんじ》。婦人部の中心者だった山岡フミ子(水俣圏副婦人部長)は、毎月のように御講《おこう》で立たされた。住職が「宗門と学会はどっちが正しいか」と詰問《きつもん》する。「学会が正しい、と正直に言えない状況です。黙《だま》って下を向くしかなかった」。そのやりとりを、檀徒や脱会者が得意げに眺《なが》める。中心者をさらし者にする陰湿《いんしつ》な手口だった。「でも、辛《つら》くはなかとでした」。九十歳の山岡はゆっくり言葉を継いだ。「心ん中に、池田先生がおんなはったです」。

水俣の一八〇人が、池田の招待で鹿児島・霧島の九州総合研修所(当時)を訪れたことがある(一九七四年一月二十四日)。

「私は、皆さんが宿命に怯《ひる》まず、絶望に負けず、自分自身に打ち勝ち、ここに集われたことをよく知っております」。直接、間接に水俣病で苦しんできた同志を、池田は心から励ました。知恵をこらした企画を準備し、

〈水俣の　生命の花に　朝の露《つゆ》〉

〈水銀の　苦海《くがい》の彼方《かなた》は　虹《にじ》の華《はな》〉

と詠んで贈った。

「あの時、『幸福の地下水脈は確かにつくったよ』とおっしゃってねえ」。寺で足蹴《あしげ》に

された時も、山岡の胸には池田の声が響いていた。

◇

水俣は決して弱い組織ではなかった。名作『苦海浄土《くがいじようど》』で世界的に知られる作家・石牟礼《いしむれ》道子が貴重な証言を残している。「今まで水俣にいて考えるかぎり、宗教も力を持ちませんでした。創価学会のほかは、患者さんに係《かか》わることができなかった」（『石牟礼道子対談集』河出書房新社）。

その水俣が切り崩された。ある支部は八つの地区のうち、じつに七人の地区部長が脱会した。熊本県婦人部長だった福山晶子は、前任の沼川良子とそれらの地域を励まして歩いた。福山自身、熊本市内の寺で行われた親戚の結婚式に出席した時、その場で住職から「まだ学会の経本《きようぼん》を使っているのか」と詰《なじ》られたつらい思い出がある。祝いの席までいじめの場と化していた。

中滝美智子（当時、ブロック担当員）に「よくぞ思いとどまりましたね」と声をかけた。「その時の返事が今も忘れられません」と福山は振り返る。小柄な中滝は、からりと答えた。「私は聖教新聞を配達しとるとです。私が退転したら、誰が配るとですか」。

戸田も池田も「信心に役職は関係ない」と徹底してきた。現在、九十一歳の中滝。

師の言葉通りの生き方を貫いてきた一人である。

かつて湯浦《ゆのうら》駅前に食堂を出したが、負債《ふさい》がかさんで店を畳《たた》んだ。新宗教に金をつぎこみ、さらに借金が増えた。見かねた知人の勧めを二年間断り続けた後、一九五八年（昭和三十三年）に一家で入会。一度決めたら家族の誰より熱心に弘教に歩いた。中滝は聖教新聞を「池田先生からの手紙だ」と言って、誇りを持って配った。何台もバイクを乗りつぶした。

◇

知見寺。御講《おこう》の席で週刊誌を手に、いつものように学会批判が始まった。老齢《ろうれい》の婦人が立ち上がった。「私たちはどがんなってもよかばってん、先生の悪口はやめてください」「破門《はもん》だ。出て行け！」。
別の日、違う婦人が「池田先生のことは言わんでください」と抗議し、同じく〝破門〟が告げられた。
「御講が終わるとその婦人は庫裏《くり》まで乗り込みました」（賀来友雄、熊本城南県主事）
檀徒らが待つなか、住職が庫裏に姿を現すと、その婦人は「今月の『大白蓮華《だいびやくれんげ》』（＝学会の理論誌）に、十四誹謗《じゆうしひぼう》（＝仏法者が犯してはならない行為）が書いてあります。ご僧侶でも同志の悪口を言うたら謗法《ほうぼう》ですたい！」。座が凍《こお》りつく。住職が目をむいて怒鳴《どな》るなか、「言うべきことを言ったので、帰ります」。さっさと寺を後にした。「痛快でした。幹部が言えないことをはっきり言ってくれた」（賀来友雄）。

「田原坂《たばるざか》」は母の心

十二月十五日。城南地域から何台ものバスが熊本文化会館に到着した。自由勤行会の後、会館近くの壱町畑《いっちょうばた》公園に一五〇〇人が集まった。「クレーン車があって、何が起こるのかと驚きました」（芝優子、熊本池田県婦人部主事）。『田原坂《たばるざか》』を歌おう！」。池田の提案に大歓声があがった。

「国内最後の内戦」といわれる西南戦争（一八七七年）。西郷隆盛《たかもり》率いる薩摩《さつま》軍に包囲された熊本城を解放するため、官軍《かんぐん》が砲隊《ほうたい》を通せる道は田原坂しかなかった。平凡な坂道が最大の激戦地となった。

雨はふるふる　人馬はぬれる
越すにこされぬ　田原坂

右手《めて》に血刀《ちがたな》　左手《ゆんで》に手綱《たづな》
馬上ゆたかな　美少年

天下取るまで　大事な身体
蚤《のみ》にくわせて　なるものか

一九五八年（昭和三十三年）十一月。熊本支部の結成大会で、池田はこの歌を通して語った。「越すにこされぬ田原坂……ここのところが大事なのです。広布の戦《いくさ》は越せなかったら退転だ。何があっても、たとえ一人になっても越すのです」。その十年後には、実際に田原坂まで足を運んでいる（一九六八年十一月）。

歌い終わり、全員で万歳三唱。その瞬間が十二月十七日付の聖教新聞を飾った。クレーン車で組んだ足場から撮った。笑っている人、泣いている人、両手を突き上げる人……連日のように続く、ぶち抜きの紙面。全国の読者は、この数年間、誰が耐《た》え忍《しの》び、誰が勝ったのかを知った。

◇

野口悦子（熊本市、副本部長）。壱町畑公園で池田とともに「田原坂」を歌いながら、

熊本の学会員たちのただ中で、励ましを贈り、記念撮影
（1981年12月、熊本市）©Seikyo Shimbun

亡き母、西田住江の歌声を思い浮かべていた。

西田は戦後すぐに、夫を結核《けっかく》で亡くした。九歳の長男も結核に。次男は五歳。長女（悦子）二歳。苦しい生活が続いた。五四年（同二十九年）十月、東京の妹の紹介で創価学会に入った。入会四年後には初代の熊本支部婦人部長に就任している。

「先生の前で歌ば歌ったとよ」。東京の会合から鈍行《どんこう》列車で帰ってくると、うれしそうに語った。西田は地元の名高い合唱団に入っていた。同じく歌が得意な瀬野玲子（第二代の熊本支部婦人部長）らと、何度か学会の会合で歌声を披露《ひろう》している。得意な曲の一つが「田原坂」だった。

池田の師、戸田城聖もまた「田原坂」を好んだ。「田原坂の歌詞には母の心が託されているように思える」。戸田はそう語っている。「傷ついて帰ったわが子を匿《かく》まって、傷を癒《いや》してやる。そして、立派に大きく育てて、天下を取るために、ふたたび世に送り出そうとする。その母の心境がこの歌だと、考えてみてはどうかね」。

◇

六三年（同三十八年）、西田住江は九州初の公明党女性市議に。人望《じんぼう》が厚く、四期務めた。五期目の当選を果たした七九年（同五十四年）の秋、末期の肺がんが発覚。がんは肺全体を覆《おお》い、医師は「今、息をされているのも不思議です」と言った。入院

中、西田は聖教新聞を開いた。広告を目にして、涙を流した。発刊間もない池田の歌集『友舞《ゆうまい》』。その広告には大きく、

〈妙法の　力《ちから》は山も　つらぬくと
　今日も希望に　強く生きぬけ〉

と記されていた。それはかつて、池田から、若き日の西田自身に贈られた和歌だった。「あの時、母の確信が再び燃えあがったのだと思います」(野口悦子)。

抗《こう》がん剤治療もうまくいき、痛みもなく、髪も抜けない。「じっとしているほうが苦痛よ」と言って退院し、学会活動の輪に加わった。

一年後、西田は六十四歳で亡くなった。「花嫁のような臨終《りんじゅう》の相《そう》でした。最期《さいご》の病床《びょうしょう》でも、病が重いと聞いた皆さんがおそるおそるお見舞いに来られるのですが、母が率先《そっせん》して『田原坂』や『同志の歌』を歌い、まるで座談会のように明るかった」(野口悦子)。のちに池田は『忘れ得ぬ同志』で、西田の生涯を綴っている。

〈……後でうかがい、涙が出る思いがしたので、そのましたためれば、(病床で)住江さんは長女に私の写真を持ってくるようにいわれ、そこで何かあいさつをしておられたそうである〉

二〇〇二年(平成十四年)。熊本は過去最高の世帯数を達成する。なかでも水俣は、

第一次宗門事件前の一〇〇〇〇世帯を突破した。「一九九〇年代に起こった第二次宗門事件では、水俣から一人の脱会者も出ませんでした」（勝木昭八郎）。
同年夏、池田は八王子の東京牧口記念会館に「水俣の木」を植樹した。

◇

一九八一年（昭和五十六年）の九州指導の折、先に触れた二つの原稿とあわせて、池田が贈った書がある。脇書《わきがき》は〈昭和五十三年　霜月《しもつき》（十一月）十八日〉。

万策《ばんさく》つきて
敗《やぶ》るとも
天あり　地あり
師匠あり

池田がこよなく愛する「一献歌《いっこんか》」の一節である。

第四章

昭和五十七年——秋田、茨城

〈幼子《おさなご》抱きて　汗《あせ》流し
尊き元初《がんじょ》の　使いをば
果《は》たせし日々の　晴れ姿
誰か讃《たた》えむ　この母を……〉

滋賀研修道場（米原市）のグラウンドに、池田香峯子《かねこ》の声が響いた。一九七八年（昭和五十三年）十月二十二日、第八回「琵琶湖《びわこ》フェスティバル」。前日（二十一日）に完成したばかりの婦人部歌「母の曲」を、参加者の前で全文朗読《ろうどく》した。

母は――名も無き城を守る太陽

本来は会長の池田大作が訪れる予定だった。開会あいさつに立った香峯子は「（会長が）緊急の用事で東京を離れられなくなりましたので、私に『代わりに行って謝《あやま》ってほしい』ということになりまして、今朝《けさ》まいりました」と語った。

第８回「琵琶湖フェスティバル」の参加者をねぎらう池田香峯子（1978年10月、米原市の滋賀研修道場）。「母の曲」の歌詞を朗読し、その意義を語った ©Seikyo Shimbun

滋賀の人々はこの行事に臨《のぞ》んで、「太陽と共に」というテーマを掲げていた。滋賀県長だった満田正明。「第一次宗門事件の当時、師匠である池田先生とともに生きよう、という弟子として自然な思いを公言《こうげん》することすら難しかった。そこで『師』を『太陽』に譬《たと》えたのです」。会長辞任の半年前。各地で宗門の僧らの横暴《おうぼう》が吹き荒れていた。

あいさつに立った香峯子は、メモを手に「母の曲」の歌詞を紹介し、その意味を語った。

二番の歌詞――〈名も無き城を　守りつつ／小さな太陽　変わりなく／あの人照らせ　この人も／やがて大きな

幸《さち》の母〉。『『城』とは『家』です。各家庭であり、地域の城です」。

三番。〈嘆《なげ》きの坂の　彼方《かなた》には／城の人々　笑顔あり〉という一節を香峯子は二度、繰り返して読んだ。

この「城の人々」という一言について、池田が「婦人部に差し上げる歌だから、なんとか『夫』のことも入れたい」と言いながら作詞した経緯《けいい》も話した。「……けれども婦人部の中には、ご主人の亡くなった方も、また一人でいらっしゃる方もおられます。そういう意味で『城の人々』の一言に、家庭も、一族も、地域も全部、含めたわけです」。

「先生の奥様が、屋外《おくがい》であれほど長時間にわたって話されたことは滅多《めった》にありません。約五〇〇〇人が一心に聞き入りました」(油布章子、滋賀総県婦人部総合長)

その場に同行した長男の池田博正(副理事長)。「両親は滋賀の方々に少しでも喜んでいただこうと細かく相談を重ねていました」。会場には、池田大作が前月、訪中《ほうちゅう》した際に買い求めた切手や絵葉書など、記念の品々も届けられた。

前夜に完成したばかりの「母の曲」のメロディーもグラウンドに流れた。香峯子は「楽しいご家庭の城を、地域の城を、明日からも元気に守り、発展させていただきたいことを祈りまして、ごあいさつにかえさせていただきます」と結んだ。

「参加者を激励するため、グラウンドを一周されました。マイクのコードが届かず、手持ちの拡声器《かくせいき》を持って回られました」(満田和美、関西副婦人部長)。砂ぼこりの舞う中を歩く香峯子に、「高島から来ました!」と叫《さけ》んだ女性がいた。宇佐美フサエである。「琵琶湖の北西に位置する高島は、関西で最も宗門にいじめられた地域の一つでした。宇佐美さんは草創期《そうそうき》の高島を築かれた一人です」(森重瑛子、大津常勝県副総合婦人部長)。

「『(学会を離れて)寺につかなかったら葬式《そうしき》に行かへん』と言われた。会合や座談会にまで、坊主や檀徒《だんと》がやって来て監視《かんし》されました。寺の御講《おこう》の入場券も学会員がつくり、その御講の場で坊主は池田先生を罵《ののし》る。僧俗和合《そうぞくわごう》のために耐《た》えるしかなかった」(小川由子、同県副婦人部長)。宇佐美と固く握手した香峯子。「高島の様子はよく聞いております。絶対に負けないでくださいね」と励ました。

四年後、この高島本部は「文化祭」を開く(一九八二年六月六日)。「方面でも県でもなく、一本部での文化祭です。前代未聞《ぜんだいみもん》でした。来賓《らいひん》も含め、参加者は一二〇〇人も集まりました」(満田正明)。

◇

宗門の信徒団体として出発した創価学会は、二度の宗門事件を経《へ》て、世界宗教としての可能性をさらに開いた。その最初の試練となった第一次宗門事件。「母の曲」誕生から半年後の一九七九年（昭和五十四年）四月、池田は会長を辞任した。しかし学会に対する攻撃は止《や》むことなく続いた。

八一年（同五十六年）から翌年にかけて、宗門の弾圧に耐え抜いた地域が次々と勝利宣言を行った。どの地にも「名も無き城」を守る「名も無き母たち」がいた。その歴史は「誰が人間の道をまっとうしたのか」を照らす鏡でもあるといえよう。

天下の嶮《けん》も　いざや恐るな

一九八一年（昭和五十六年）の年末、聖教新聞の二・三面に大きな集合写真が掲載された（十二月二十三日付）。神奈川研修道場を訪れた池田のもとに、東の小田原、西の御殿場《ごてんば》から続々とメンバーが集《つど》った。僧や檀徒の攻撃に耐えてきた人々である。紙面を開くと〈あの時の苦しみは　生涯忘れられない〉という大見出しが目に飛び込む。御殿場の壮年部員の「人生六十五年、こんなに侮辱《ぶじょく》されたことはない」という証言も載《の》っている。

「あの日を境《さかい》に、皆が息を吹き返しました」と語るのは九十歳の森田アイ。箱根支部の初代婦人部長だった。自身は池田との記念撮影に参加していない。「家で、はしかにかかった孫の面倒《めんどう》をみていたんです」と笑顔で語る。

四四年（同十九年）、夫が戦死した。「娘の弓子は一歳でした」。アイは過労《かろう》で倒れた。先に学会に入っていた姉の胃潰瘍《いかいよう》が治った。五五年（同三十年）の夏、信心を始めた。中学生だった娘の弓子は「初めは反対していたんです。母が学会活動に出かけると、家の留守番をさせられるから」と苦笑《にがわら》い。「でも次第に元気になる母の姿に惹《ひ》かれ、座談会に出るようになりました」。六五年（同四十年）、弓子は箱根に美容院を開店。母と同じく箱根支部の婦人部長を務めた。

「いつの間にか持病の肺病もすっかりよくなりました」と振り返るアイ。「〈南無《なん》妙《みよう》法蓮華経《ほうれんげきよう》は師子吼《ししく》の如《ごと》し・いかなる病《やまい》さは（障）りをなすべきや〉（御書《ごしよ》一一二四ページ）。池田先生から教わったこの御書（日蓮《にちれん》の遺文集《いぶんしゆう》）の一節が大好きです」。弘教《ぐきよう》に、個人指導にと、バイクを駆《か》って箱根の山を走り回るようになった。

◇

「大分の別府《べつぷ》にいた宗門の僧が、小田原に転任してきました。寺には学会批判の雑誌がこれ見よがしに置かれて、皆が嫌《いや》な思いをしました」（遠藤具美子。当時、箱根本部

婦人部本部長）。反学会の勢力が、一部のマスコミを使って学会攻撃に狂奔《きょうほん》していた。
葬儀の際、僧は学会員に車で送り迎えさせた。にもかかわらず「お車代《くるまだい》」を平然と受け取った。「やっとの思いで弘教した新入会の友人を寺に連れて行ったら、真っ暗で誰も出てこない。坊主が御本尊を授与する約束を忘れていたんです。悔《くや》しくて、友人に申し訳なくて……」（安藤明子。当時、箱根本部婦人部副本部長）。

小田原の支部婦人部長だった田中英子。「御講に行くと畳《たたみ》に赤い線が引いてあって、その前方に檀徒が座り、学会員は後ろに座らされた。御講の運営はすべて学会員にやらせる。ひどい差別でした」。

母の春江と親子で支部婦人部長を務めた。「母が東京の創価婦人会館で体験発表をした際、出席していた奥様が、『苦労しながら広宣流布に戦ってこられたんですね』と抱きかかえるように励ましてくださった」。

その春江が担当していた支部には、世帯数が一割まで減った地区もあった。「負けてたまるかと戦いました」（染野ひで子、支部副婦人部長）。染野ひで子は一歳の子を背《せ》負《お》って、神奈川研修道場での池田との記念撮影に駆けつけている。

箱根の神奈川研修道場で、小田原と御殿場の学会員たちと歓呼の声を
（1981年12月）©Seikyo Shimbun

七九年（同五十四年）六月、ひで子は寺で結婚式を挙げた。その場で「池田は増上慢《ぞうじょうまん》だ」と罵られた。仲のよかった同志たちが次々と退転していく。信心歴の浅かった夫の耐《たい》（小田原正義圏、副本部長）は迷い、「寺に行ったほうがいいのか」と口にした。「冗談《じょうだん》じゃありません」。ひで子は師弟こそ仏法の根本であることを語った。「そうか。後で、歴史が証明するだろうな」と納得《なっとく》した耐は、夫婦で弘教に歩き始めた。

なぜ信心が揺《ゆ》らがなかったのか。「母の姿を見ていたからです」とひで子は即答《そくとう》した。母の大江登美恵。父の栄作とともに湯河原の草創《そうそう》期を支えた一人である。「母が先に信心を始めました。きっかけは病気でした」。家は常に布団《ふとん》が敷《し》かれ、誰かが病に臥《ふ》せっていた。いろいろな宗教を遍歴《へんれき》し、学会に巡《めぐ》りあった。題目を唱え始めて一週間で母の体調が好転した。「両親があちこちに仏法対話で歩いたので、近所に知れ渡り、私まで学校でいじめられました」とひで子は笑う。父の栄作は湯河原の支部長を務めた。「池田先生を師匠と定めて生きる親の姿を見て、この信心は間違いないと感じたのです」。

◇

小田原圏長だった本多英雄。一〇〇〇人を超える記念撮影を終えた後、池田からの色紙が届いた。躍るような筆致《ひっち》で〈限りなく　また限りなく　広宣に　天下の嶮《けん》もいざや恐るな〉と書かれていた。「天下の嶮」の一言を目にした本多は、その場で落《らく》涙《るい》した。滝廉太郎《たきれんたろう》の名曲「箱根八里《はちり》」。その冒頭《ぼうとう》は〈箱根の山は天下の嶮　函谷關《かんこくかん》もものならず〉（作詞＝鳥居忱《まこと》）という歌詞で始まる。「『天下の嶮』はこれからだ、本当の勝負はこれからなんだ、と腹を決めました」。

第一次宗門事件で一割まで減った染野たちの地区。十年かけて元に戻した。「第二次宗門事件では一世帯も脱会しませんでした」（染野耐）。

壁《かべ》を破ろう

翌一九八二年（昭和五十七年）一月九日午後五時過ぎ、池田は目黒平和会館（現・目黒国際文化会館）を訪れた（品川・目黒合同の自由勤行会）。東京都内で宗門が激しく動いた地が目黒だった。「妙真寺の御講には目黒だけでなく、都内の各所、神奈川など遠くからも檀徒が集まりました。学会攻撃の情報を送り出す拠点《きよてん》だったのです。しかし目黒の組織からはほとんど脱会者を出しませんでした」（佐々木典子。当時、目黒区婦人部長）。

武蔵小山《むさしこやま》で紳士《しんし》服のテーラーを営む高橋博（副支部長）。「先生が来られる前、町内のある壮年に聖教新聞の購読を頼みに行きました。若い不良や無頼漢《ぶらいかん》たちを束《たば》ねていた顔役《かおやく》です。ご近所は皆、敬遠《けいえん》していた」。高橋は婦人部の工藤房子とともに、勇気を出して訪ねた。呆気《あっけ》ないほど気軽に購読してくれた。しかも「前から読みたかった」と言う。「翌朝、その人が店まで来て語ってくれました。『尊敬していた先輩が亡くなる時、〝池田大作という人物は武器も持たず、力で人を押さえつけるのでもなく、青年を育て、創価学会を世界まで伸ばした。見習わねばならない〟と言い残したんです』と」。

指導会の席上、区婦人部長の佐々木はこの話を伝えた。池田は「地に足の着いた貴《き》重《ちょう》な体験じゃないか。当たればそこから開けるということだね」。そして「目黒は今年から壁《かべ》を破ろう」と続けた。この年、目黒は全国トップの弘教を成《な》し遂《と》げた。池田は〈狂暴《きょうぼう》の　嵐　乗り越え　勝ちきたる　その名　目黒の　同志なるかな〉という和歌を贈っている。

目黒平和会館を発《た》つ際、ロビーでコートの襟《えり》を立てながら、池田は言い残した。

「明日から秋田に行ってくるよ」

秋田——第一次宗門事件で「北の秋田、南の大分」と言われた激震地《げきしんち》である。「『よりによって真冬の、いちばん雪深い時にお呼びするのはおかしい』。そう言う東京の幹部もいました」。秋田県婦人部長だった雲雀《ひばり》邦子は語る。

秋田県長の小松俊彦ら秋田の首脳が聖教新聞本社で池田に会ったのは、前年（一九八一年）の暮れだった。「『私は秋田に行く』と言われた先生は、周囲の最高幹部に『いいか！』と念を押された。あの一言で決まりました」（雲雀邦子）。

会長辞任以来の闇《やみ》を晴らす反転攻勢は、急所にさしかかっていた。

国道一三号の語らい

一九八二年（昭和五十七年）一月十日、秋田文化会館（現・秋田中央文化会館）。午後三時を過ぎて、運営スタッフたちは「まだ到着されない。事故でも起きたのか」と心配しだした。池田が秋田空港に着いたのは午後二時過ぎ。空港から会館までは車で三十分強。渋滞《じゅうたい》していないはずなのに着かない。予定時刻を大幅に過ぎている。

遅れた理由は事故ではなかった。

◇

池田を乗せた車が空港から県道を少し走り、雄和《ゆうわ》町役場前（当時）の交差点にさしかかった時である。十数人が物陰《ものかげ》で身を寄せ合っていた。東北長だった中山晃は車の助手席に座っていた。フロントガラスから人影が見えた。「先生は『うちの人だね？』と尋《たず》ねられました」。

「ゆっくり走って」「窓を開けて」。矢継《やつ》ぎ早《ばや》に指示を出す池田。目が合う距離まで近づいた。「近づく車を見ても、集まった人々は駆《か》け寄ったりせず、じっと見守っていました」（中山晃）。

休業日のガソリンスタンド。雪を避《さ》ける屋根があり、待つには最適の場所だった。池田は「降りるよ。車を止めて」。勢いよくドアを開けた。「先生、革靴《かわぐつ》は滑《すべ》ります。気をつけてください」。急いで後を追う中山たちの耳に、ザク、ザクと雪を踏みしめる池田の靴音《くつおと》が響《ひび》いた。みるみる足元が濡《ぬ》れていく。かまわず同志のなかに飛び込んだ。

「先生にご迷惑をかけてはいけないということは皆、わかっていました」（柏谷シゲ。秋田市、支部副婦人部長）。「先生の車に向かって手を振りたいという思いでしたが、まさか先生が車から降りられるとは……」（水野あや子、同）。「寒いところご苦労様。写真を撮ろうよ！」。池田の声を聞き、遠慮がちに見ていた人々も集まり、みるみる四十人を超えた。

◇

左折した車は国道一三号に入った。あとは会館まで一直線だが、この一三号の路上で、池田は合計五回、記念撮影をしている。すべて即席《そくせき》の座談会となった。「秋田は感情をあまり表に出さない方《かた》が多いのですが、あの時は違いました」（中山晃）。「仁井田《にいだ》のガソリンスタンドで、五人でお待ちしていました」（相原チタ子、第一秋田総県副婦人部長）。そこから数分の大野地区でも田口真志子（秋田市、副本部長）ら十人が待っていた。「よく来てくれたね！」。少人数も見逃さず、池田は次々と写真に納まった。

「寿司屋さんの前で九十人余、牛島にある自動車店で四十人……茨島《ばらじま》交差点近くの広場でも降りられました」（小松俊彦）。池田は一人の婦人部員に「いいお顔だね！」と声をかけている。「『ああ、先生はわかってくださっているんだ』と感動しました。その人は、ご主人の反対のなか、大変苦労して信心を貫《つらぬ》いた方《かた》でした」（髙嶋恵子、第一秋田総県副婦人部長）。

そして、会館に近い自動車修理工場。交通量が多い。池田は「危ないね。近くだから会館にいらっしゃい」。午後三時十八分、秋田文化会館に到着。その場でも懇談《こんだん》が続き、記念撮影を重ねた。翌日付の聖教新聞には〈雪の街角《まちかど》、九カ所で座談会〉と見出しが躍った。

会館ロビーに大きな地図が張ってあった。折り紙の花々で埋《う》まっていた。「題目が三〇〇〇遍《べん》あがるたびに花を一つずつ貼《は》り、世界地図を作りました。題目は六十億遍を超えました」(雲雀邦子)。その地図の前に立ち止まった池田。「皆が私を呼んでくれたんだな」。空港から会館到着までに出会った人数は約一〇〇〇人。どの人も覚えている池田の言葉がある。

「私が来たから、もう大丈夫《だいじょうぶ》だ」

心凍《こお》る日々を越えて

「みんな面魂《つらだましい》も立派だし、いい顔をしている。ほっとしました」「人のいい場所に権力、魔物《まもの》が巣《す》を作り、威張《いば》る。民衆の力で抑《おさ》えるんです」(一月十一日、秋田県代表者会議)

前章で触れた大分と同様に、池田は秋田でも〝だまし討《う》ち〟とも言えるような数年間の経緯《けいい》を語った。

「『大切なのは学会員だ』と思い、私が一歩後退《こうたい》したがどうしようもない。ますます複雑になった」「反学会の輩《やから》は、私さえいなくなれば自由にできると、昭和四十九年

寒空の下、到着を待ち続けた会員の中に飛び込む。秋田市内の茨島交差点で“街頭座談会”（1982年1月10日）©Seikyo Shimbun

頃から策略《さくりゃく》をめぐらした。必ず学会を壊滅《かいめつ》できると判断した。特に大曲《おおまがり》や能代《のしろ》など、申し訳ない状態になってしまった」「もう一度、私が指揮を執《と》ります。一緒に、もう一度やりましょう！」

落成《らくせい》間もない会館に、地鳴《じな》りのような拍手《はくしゅ》が響いた。

◇

県北の能代市――学会員の葬儀を多宝寺に頼むと、「脱会しなければ葬儀はやらない」と再三《さいさん》、脅《おど》された。「心が凍《こお》りつくような日々だった」。武石美子（能代広宣県副婦人部長）が語る。

「他の寺にも『地域が違うから行かない』と断られ、やむをえず学会員だけで友人葬《ゆうじんそう》をしたこともあります」。脱会者たちが興味本位《ほんい》でのぞきに来た。大ブロック長の武石鉄郎（同副県長）が堂々と導師を務め、無事に終えた。「遺族や親戚《しんせき》からの文句も一切ありませんでした」（武石鉄郎）。

県南の大曲市（現・大仙市）――「寿泉寺（のちに聚泉寺）の御講の教材は週刊誌でした」と伊藤チヤ子（秋田黄金県副婦人部長）。「ある時は、わざわざ黒板に『池田大作、創価学会』と書き、大きく×印をつけて悪口をまくしたてるのです」。その内容があまりにひどく、途中で退出した。「後ろから『腹の中が腐《くさ》るぞ』と怒鳴《どな》り声を浴びせられました」。

石田トシ子（支部副婦人部長）。家族の葬儀の際、坊主から「学会をやっているから家族が死ぬんだ」と言われた。「先生の批判もされた。本当に切なかった。『負けでなるものか』と思って乗り越えました」。

◇

「人を陥《おとしい》れようとした人こそ、自分にやましいことがある。その自《みずか》らの悪を隠そうとする根性があるものだ」……秋田文化会館で池田の話が続いている。

「社会を軽視《けいし》している人は、信心が厚いようであっても薄い」「信心強盛《ごうじょう》な人は、難《なん》があればさらに強くなる。信心が薄い人は、才知《さいち》が先に立ち、疑ってしまう。すべてを仏道修行ととらえていく姿勢が大事だ」

池田の一語一語にうなずく人々。「会合が終わった時でした」。工藤恵子（鹿角《かづの》郡、副本部長）は会場の最後方に座っていた。「先生が誰かを捜《さが》すように、出口と反対の一番後ろまで歩いて来られ、私の隣に座っていた婦人と固く握手されたのです」。池田が「あなたのことは全部知っていますよ！」と声をかけた相手は、角館《かくのだて》町（現・仙北市）に住む関根都美（当時、田沢本部指導長）だった。「宗門を破折《はしゃく》する言論戦で、あの人に勝《まさ》る人はいませんでした」（雲雀邦子）。

「楽に死にたい」。それが関根の入会動機だった。それほど病弱だった。「大正十年生まれの叔母《おば》は、日本女子大学の学生時代から結核《けっかく》、腸結核、肋膜炎《ろくまくえん》、腹膜《ふくまく》炎と次々に発症《はっしょう》し、カリエスで肋骨《ろっこつ》が三本なく、背中に大きな穴が開いていました」（姪の矢作範子。東京・府中常勝区婦人部主事）。

関根は一九五五年（昭和三十年）の冬に信心を始め、十数年に及んだ闘病生活が終わった。「いつ死ぬか」と言われていた関根が歩く姿を見ただけで、入会を決意した人もいた。「何しろ歩けるのが楽しくて」と青森の弘前《ひろさき》市にも通い、班から支部に発展させた。

「共《とも》に生きなむ　地涌《じゆ》かな」

大曲の寿泉寺。檀徒がバリケードを作り、学会員を御講から締《し》め出したことがあった。大曲圏長だった小松俊彦たちは厳重にマークされて中に入れない。「昭和五十三年のことでした。小柄《こがら》で痩《や》せた関根さんが『あんたら何言ってんのよ』と檀徒を無視し、ずんずん入っていった」（小松俊彦）。

「創価学会は謗法《ほうぼう》だ」「出て行け」などと言い募《つの》る檀徒を、関根は「出て行けとはなんですか」と一喝《いっかつ》した。「私はここに、御本尊の供養《くよう》に参り、御住職の説法を聞きに来たんです。あなたはいつから、私に出て行けと言う資格と権利を得たのか！」。反学会の記事を片手に説法しようとしていた住職。「ここは〝俺の家〟だから出て行け」と叫《さけ》んだ。

関根の舌鋒《ぜっぽう》は鋭《するど》さを増す。「今日はじつに不思議なものを見せていただいた。日蓮大聖人《だいしょうにん》は謗法の者から供養を受けなかったはずです。私は今日、謗法呼ばわりされたが、御供養は取っていただきましたね」。慌《あわ》てて供養を返そうとする檀徒に「いつからあなたは供養をもらったり返したりする資格ができたの？」。それでも返そうとする住職の妻には「言われてからそんなことをするもんじゃありません！　あなたにあげたわけではない」。一婦人の言葉に、満座《まんざ》の誰も言い返せなかった。

「来月もまた来ますから、よろしく」と言い残し、寺を後にした関根。毎月十三日、御講という名の針のむしろに悠然《ゆうぜん》と座り続け、中傷から同志を守る防波堤《ぼうはてい》になった。

◇

「関根さんは男女青年部をたくさん育てました。口だけでなく、自分の姿で見せてくれた」（藤原悦子。仙北市、副本部長）。「地域の学会員の子どもたちの面倒も見て、食事をふるまったり、一緒に題目をあげたり。わが子のごとく育ててくれた。私もそのなかの一人です」（伊藤テイ子、第三秋田総県副婦人部長）。

池田は「あなたのことは永遠に広布史《こうふし》に残るよ」と関根を励まし、後に〈世紀まで共に生きなむ　地涌《じゆ》かな〉との句を贈った。「法華経《ほけきよう》」に説かれた「地涌の菩薩《ぼさつ》」になぞらえたのである。

「晩年はカリエス治療の穴も塞《ふさ》がり、首まで風呂に浸《つ》かれるようになったと喜んでいました」（矢作範子）。「雪の秋田指導」の七年後、関根都美は六十八歳で亡くなった。大曲文化会館には、来る春ごとに「関根桜」が咲く。

吹雪《ふぶき》の記念撮影

一月十三日。二度にわたる自由勤行会の際、約三〇〇〇人が沼田児童公園に集い、池田との記念撮影を行った。「先生は一度目を『吹雪グループ』、二度目を『嵐舞《らんぶ》グループ』と命名されました」(小松俊彦)。

雪は前日から激しかった。豪雪《ごうせつ》地帯として知られる横手で男子部本部長だった松井照夫。〈あの日は横手よりもすごい雪が秋田市内を覆《おお》っていました〉と書き残している。「うれしくて夢中になり、オーバーも帽子も持たずに駆けつけた」(佐々木アヤ子。大仙市、副本部長)という人もいる。

「白いアノラック(防寒着)を着て、長靴《ながぐつ》を履《は》いた先生を見た瞬間、『ああ、先生が私たちと同じ格好《かっこう》をされている。本当に秋田に来てくださったんだ』と実感した」(大友洋子。秋田市、支部副婦人部長)。「ボタ雪が口の中に入るのもかまわず『エイエイオー!』と大声で勝ち鬨《どき》を上げた」(柿崎由美子、能代広宣県副婦人部長)。翌日付の聖教新聞二・三面は、その二枚の記念撮影が全面を埋《う》めた。「現在まで、つらい時に何度もこの紙面を見返してきました」(佐藤サヨ、第二秋田総県副婦人部長)。

この日、留守番や、行事の成功を祈って自宅で唱題を重ね、記念撮影に参加しなかった人も多い。秋田文化会館から徒歩数分の場所に住む加賀谷麗子（第一秋田総県婦人部主事）。「遠くの地域の方《かた》が優先かな、と遠慮しました。しかし後年、先生は〝集《つど》わなかった人々のグループ〟まで作ってくださった」。

「あの時、お会いできなかった人のほうが、福運がつくんだよ」といった伝言とともに、池田はその人々に「雪の秋田指導　栄光グループ」と命名している。

〝悲劇《ひげき》の女王〟になってはいけない

秋田を発《た》つ前日の一月十四日も、夜まで雪が強かった。「平鹿町《ひらか》（当時）からマイクロバスを手配し、皆で向かいました。吹雪で前が見えないくらいでした」（高橋功。横手市、県本部長）。県下の青年部が一堂《いちどう》に会した総会。池田の指導も熱を帯びた。

「諸君は秋田の大地で何らかの立派な歴史を作ってほしい。必ず、後になればなるほど、やっておいてよかったなと思う。〈妙《みょう》とは蘇生《そせい》の義《ぎ》なり〉（御書九四七ジペー）だ。これだけ批判され、迫害されても、妙法は世界に広がっている」

「民衆のために立ち上がる哲学者がたくさん出てほしい。それが私の願いです。自分がダメだなと思った時、その時は必ず題目をあげてください。必ず道が開けます」秋田県女子部長だった小沼光子（総宮城婦人部長）。「指導を終え、広間を出ようとした先生は、もう一度青年部の方を振り返られました」。

池田は「皆さんが思うと思わざるとにかかわらず、私は皆さんが池田門下生であると信じています」と言い残し、会場を後にした。「宗門事件で散々《さんざん》荒らされ、『師弟』を口にすることすらできなかった時でした。先生のあの一言を、一生忘れることはありません」（小沼光子）。

◇

この青年部総会と同時刻――池田の妻、香峯子は加賀谷麗子宅にいた。若手の婦人部も含めた十人ほどの懇談会である。

「なんでも聞いてくださるので、ある婦人が、仕事と学会活動で忙しい夫への愚痴《ぐち》めいたことまで言いました」（斎藤恵子、東北婦人部総主事）。香峯子はそれを否定することなく、自分がどのように池田を支えてきたかを語った。「先生が若い時、体調を崩《くず》してよく熱を出されたことや、そんな時は奥様ご自身が『すぐ起きて動けるよう、廊《ろう》下《か》で寝たこともあったんですよ』と。初めて聞く話ばかりで全員が驚きました。自分たちの姿勢を省《かえり》みる機会になりました」（斎藤恵子）。

懇談会に同席した一人、勝浦幸子（秋田・千秋光彩県婦人部主事）。父の病を機に一九五五年（昭和三十年）に入会した。「消極的で『後ろを見て歩くような』性格。自分でもそれを変えたいと思っていました」。香峯子との懇談で自分が話す番になった。「何を口にしたのか細かくは忘れてしまったが、ずばり見抜かれた」と振り返る。

香峯子は「悲劇《ひげき》の女王になってはいけませんよ」と語った。「不幸にどっぷり浸《つ》かってはダメ。信心している人に、そんな人（＝不幸のままでいる人）はいません」。「やさしく、かつ厳しく諭《さと》していただき、目が覚める思いでした。すっかり前向きな自分に変えていただいた。あの瞬間が人生の原点です」（勝浦幸子）

翌十五日の午後四時前、池田を乗せた全日空機は秋田空港を飛び立った。滞在中、一面の冬景色を見た池田は「雪を見ながら、先へ、先へ手を打とう」と語っている。バスで移動中の語らいも含めると、六日間の諸行事、懇談の場は四十を超え、会った人数は一万人近い。

二〇〇一年第一期会、婦人部第一期会（のちに白雪会）、白銀グループ、かまくらグループ、生々世々グループ、女子仏教哲学研究会、秋田教育者クラブ……「雪の秋田指導」で結成された各グループが、その後の秋田の中核となっていく。

池田はこの「雪の秋田指導」の翌月、秋田と同じ日数をかけて、同じく宗門に苦しめられた茨城県下を回った。「厳寒の茨城指導」と呼ばれる六日間である。

「苦しんだ友が待っているんだ」

日立総合病院の院長だった大谷育夫が国鉄の水戸駅で池田を見かけたのは、一九八二年（昭和五十七年）二月七日、午後三時過ぎだった。「駅構内《こうない》の長い廊下《ろうか》でした」。走り寄った大谷は驚きで声を失った。「一目見ただけで、高熱を押して茨城入りされたことがわかりました」。前日、水戸市内に茨城文化会館が落成。その祝賀の会合に向かう途中だった。「ひたち一一号」から降りたばかりの池田。大谷に「すみませんね、こんなになってしまって」と火照《ほて》った顔で笑いかけた。

同行していた山川義一（当時、茨城県本部長）が大谷に語った。「昨日からとても高い熱です。休んでいただくように皆で話しても『いや、あれだけ苦しんだ茨城の友が待っているんだ。私は行く』とおっしゃって……」。

茨城文化会館で代表三〇〇〇人の懇談会が開かれた。池田は席に着くなり言った。「日立と鹿島の責任者、いらっしゃい」。二つとも、県下で悪僧が特にはびこった地域である。

呼ばれた人々のなかに、日立圏長の中野良友がいた。茨城県壮年部長を務めた大谷は、会場で中野の姿を見て、泣けてならなかったという。

二人の出会いは二十年前（一九六二年）にさかのぼる。「中野さんはまだ信心していませんでした」道子さんという十三歳の娘がいました」（大谷育夫）。

夏休みが明けて、道子の体力が著《いちじる》しく衰《おとろ》えた。妻の誠子が道子を連れて、日立総合病院を訪れた。同院の院長が大谷だった。「あの時、私は信心を始めてひと月も経《た》っていませんでした」と大谷は回想する。

◇

診察した大谷。「道子さんはリウマチ熱によって心臓が拡張《かくちょう》する病気で、すでに手の施《ほどこ》しようがなかった。話を聞くと、誠子さんと道子さんも学会に入ったばかり。何のために信仰するのか――あの一家の信心に、私は強く影響を受けました」。

娘の命があとわずかだと知った中野良友。事実を受け入れられなかった。仕事から帰ると自室にこもり、頭から布団《ふとん》をかぶった。声を押し殺して泣いた。何日も続いた。

連日、ドアの向こうから数人の女性の話し声が漏《も》れ聞こえた。

「婦人部の方々が妻を励ましてくれていました。妻も道子の闘病の様子を話した。苦痛で寝られない時、道子は病院のベッドの上で、小さな声で題目をあげ続けていました。私はドア越しに聞こえる信心の話に、いつの間にか聞き入り、そしてこう考えるようになったのです」

道子は、それほどまでに御本尊を信じているのか。もし俺が信心したら、道子は喜んでくれるだろうか――娘の死のひと月前、良友もまた信心を始めた。

十二月のある日、診察を終えると、道子は「今までありがとう」と笑い、大谷の手を握った。翌日、静かに亡くなった。「信心を教えてくれた池田先生に、お礼を言ってね」。それが親への遺言《ゆいごん》だった。娘の信仰の火は、父に受け継がれた。

◇

それから十六年が経った七八年（同五十三年）、中野良友は創価学会の日立圏長に就任する。学会攻撃の火が広がる渦中《かちゅう》だった。

「住職が御講のたびに猛烈《もうれつ》な学会批判をする。涙の出るような思いで参加しました」（菊池利子、日立県副婦人部長）。寺が「純真な学会員の皆様へ」と題する長文のチラシ四〇〇〇枚を刷《す》り、日立市内の学会員宅に送り付けたこともあった。

「あの寺では数年間にわたって、多忙を理由に、通夜《つや》の導師を学会の壮年幹部にやってもらっていた時期があった。私の夫も何度もやりました」（弘田寛子、同）。「その後がひどい」と弘田は言う。「自分は通夜に行っていないにもかかわらず、遺族から

〝お車代〟と通夜の供養を受け取る坊主もいたんです」。

良友は大企業の関連会社取締役を務めながら、日立の組織の要《かなめ》として奮闘した。

「父のもとには毎日のように誰かが個人指導を受けに来ていた。夜中に相談の電話が鳴れば、何時でもすぐに同志のもとへ駆けつける父でした」（長男の良一）。

――茨城文化会館での懇談会。池田は「ありがとう。よく頑張ってくれたね。よくみんなを守ってくれたね」と語り、良友たちに深々と頭を下げた。良友は「池田先生、ありがとうございました」と礼を述べた。亡き娘との約束を、二十年越しに果たした瞬間だった。

「必死になって学会員を守り抜いた弟子と、自身の命を削《けず》ってでも弟子を励ます師匠。あの光景は忘れられません」。九十歳の大谷は、かみしめるように語った。

「今から行くんだよ」

「とにかく先生の体調が心配でした」（宮寺禮子、第一茨城総県婦人部主事）。県代表者の集い（二月七日）、県幹部会（八日）、会館落成記念勤行会（九日）、日立会館の勤行会（十日）……大人数の会合が続く。会合が一つ終わるたび、池田は汗だくになり、その都度《つど》、着替えが必要なほどだった。

水戸婦人会館の管理者だった渡辺キク。夜、ボイラー調整のために敷地内を回った。上の階から女性の題目の声がかすかに漏《も》れ聞こえる。耳を澄《す》ました。た。香峯子の声だった。

十一日午後には、茨城文化会館前の駐車場に青年部をはじめ三五〇〇人が集まった。大分、熊本、小田原、秋田の規模《きぼ》をしのぐ記念撮影である。

終了間際、一人の男子部員が「先生、鹿島に来てください」と叫んだ。「当時、鹿島の寺側は学会員に対して『池田は絶対に鹿島に入れない』『妨害《ぼうがい》してやる』と脅しをかけていました」（長谷川久能、鹿島県総主事）。

池田は間髪《かんはつ》をいれず答えた。

「行くよ。今から行くんだよ！」

◇

「会長辞任前後の時期、水戸から鹿島まで泊まりがけで通いました。特に南部の波崎《はさき》町がひどかった」（浅野秀子、総茨城総合婦人部長）

山口修（鹿島県総合長）は「昭和五十三年に先生が作詞された茨城の県歌『凱歌《がいか》の人生』が皆の心の支えになった」と語る。「特に三番の冒頭、〈君よ辛《つら》くも　いつの日か／広宣流布《こうせんるふ》の　金の風〉という歌詞に泣いた。発表当時、まさにこの通りの思いでした」。この「凱歌の人生」は、本章の冒頭で紹介した「母の曲」と同時に発表されている（東京・板橋での本部幹部会）。

隣接する千葉でも宗門は牙《きば》をむいた。佐原市（現・香取市）の涌化寺《ゆげ》。利根川を挟《はさ》んで茨城に近い。鹿島や潮来《いたこ》の学会員が長年通う寺だった。佐原に住む福田カツ（池田総県婦人部主事）。「非道《ひどう》な寺への対応に追われ、いつ寝ていつ起きたかもわからないような日々だった」と回想する。「息子を亡くした婦人部員は、告別式の当日に『まだ懲《こ》りないのか』と暴言を浴びせられ、脱会を迫られました。その婦人は『息子が成仏するまで私は学会員として祈り続けます』と、毅然《きぜん》としていました」。

御講で住職が週刊誌をかざして学会を批判すると、檀徒たちはわざわざ学会員の方を向いて拍手した。御講に通う学会員の数が減れば「福田がそそのかしている」と吹《ふい》聴《ちょう》された。「僧俗和合《そうぞくわごう》のために、一言も反論せず、耐え続けました」（福田カツ）。

一九七八年（昭和五十三年）のある日、福田カツは元学会員の女性檀徒に、思わず「週刊誌はウソでも書くものでしょう」と抗議した。その女性檀徒はカツの胸ぐらをつかみ、「このアマがウソだと言ってるぞ！」と叫《さけ》び、二十人ほどの檀徒の輪のなかに放り出した。カツは延々《えんえん》と罵倒《ばとう》され続けた。「家に火をつけてやる」と脅されたこ

ともある。
七九年（同五十四年）二月、鹿島近郊に学会寄進《きしん》の願生寺が建った。「やっと僧俗和合できるかもしれないと喜び、入仏式の準備もほとんど学会員で整《ととの》えました」（細川美佐子、鹿島勇者圏総合婦人部長）。ところが新任の住職は、あろうことか「学会の過《あやま》ちをただして参ります」とあいさつしたのである。望みは打ち砕《くだ》かれた。
この年の元旦、福田夫妻は涌化寺の住職から面と向かって「無間地獄《むけんじごく》（仏法で説く極苦の地獄。間断なく大苦を受けるため無間という）に間違いなく落ちる」と貶《けな》された。「お父さん、無間地獄に落ちるって言われたね」。自宅に戻ったカツはつぶやいた。夫の良助（香取市、副支部長）は「無間地獄でいいじゃないか」と言った。「地獄に行ったら行ったで、池田先生と一緒なら、無間地獄でも結構じゃないか」。二人で笑い合

宗門の権威と戦った茨城の友と記念撮影（1982 年 2 月、茨城文化会館）

った。

カツは入会前、姉、兄、父を病気や事故で相次《あいつ》ぎ亡くした。六四年(同三十九年)、長女の夜泣きに困り果てていた時、学会と巡《めぐ》りあった。勤行を始めて一週間後、長女は布団ですやすやと眠るようになった。

それから二年後、カツは聖教新聞本社での記念撮影会に出席した。池田は「このメンバーは霊鷲山《りょうじゅせん》まで私と一緒だよ」と語った。

霊鷲山——「法華経」に説かれる「師と弟子が永遠の約束を結ぶ地」である。「あの言葉を心の拠《よ》り所に、耐えてきました」。

第一次宗門事件の渦中、池田はカツに書を贈っている。

佐原にも
　広布のわが弟子
　　妙の指揮

福田カツが対話を重ね、宗門と別れた人の数はこれまで四十人を超える。

「茨城に勇者あり」

二月十一日――鹿島会館に着いた池田と香峯子は、真っ先に管理者室へ向かった。香峯子が管理者の橋本周子に微笑《ほほえ》む。池田は橋本に「鹿島は勝ったかい？」と尋ねた。「緊張してしまい、初めは何についておっしゃっているのかわかりませんでした」。橋本は「はい、勝ちました」と答えた。池田は少し語気を強めて、「鹿島は勝ったね？」と尋ねた。橋本も力を込めて「はい、勝ちました」。

さらに語気を強める池田。「鹿島は勝ったんだね？」。三度問われて、橋本は「宗門とのことを尋ねておられるんだ」と気づいた。堰《せき》を切ったように夢中で話し始めた。「はい、勝ちました。先生、みんな一生懸命、闘いました。大変悔《くや》しい思いをしましたが、皆、必死に頑張りました」。橋本の両眼から大《おお》粒《つぶ》の涙がぽろぽろとこぼれ落ちた。

「そうか、よかった。頑張ったんだね。皆、闘ってくれたんだね」。池田はむせび泣く橋本にやさしく声をかけた。「退転した人たちの厳しい現状も話しました」（橋本周子）。「かわいそうだな。仏法は厳しい。何とか救ってあげたいな」と池田。

この師弟の対話を、部屋に飾られた一枚の色紙が見守っていた。

〈断固して　鹿島の城を　君頼む〉

一九七九年（昭和五十四年）四月、会長辞任の直前に、池田が橋本夫妻に贈った句である。夫の欣也も支部幹部として、脱会者が多かった波崎を担当してきた。この日、池田は夫妻に「信義《しんぎ》を守ったね。生涯忘れないよ」と礼を述べている。

◇

二階の広間。総勢一〇〇〇人の参加者が唱題する声も熱気にあふれていた。「あの日は参加者の靴《くつ》が下駄箱《げたばこ》に入りきらず、床《ゆか》に新聞紙を敷《し》いて対応しました」（橋本周子）。池田は広間の後方から入った。「『うわー』という声があがって振り返ると、そこに先生が立っておられた。次々と歓声《かんせい》が起こりました」（仲澤春司、鹿島県副県長）。

「鹿島は勝ちました」。そう宣言した池田は参加者と万歳三唱した。「その後、先生は学会員の氏名が刻まれた銘板《めいばん》に題目を唱えられました」（山﨑美智代、鹿島王者圏副婦人部長）。

「今日来られなかった人たちのために、題目を三唱しよう」「苦難の道を歩んでこられた鹿島の同志のことは、生涯、私は絶対に忘れない」

この日、池田は鉾田《ほこた》で行われた代表者会議にも出席し、教育者のグループを結成した。

後に池田は次の和歌を贈っている。

茨城に
　広宣流布の
　　勇者あり
その名を問わば
　鹿島の地涌《じゆ》と

◇

最終日の二月十二日。池田は土浦文化会館へ向かった。駐車場には、館内に入りきれなかった二〇〇人が待っていた。「バスから降りるなり先生は『寒いなか待たせたね。記念撮影しよう』と声をかけられました」（杉山英子、第一茨城総県副総合婦人部長）。開館三周年を記念する勤行会である。「土浦、霞《かすみ》ケ浦《うら》というと予科練《よかれん》（＝航空隊）を思い起こす」。池田は「時」について語った。

「時は移り変わり、軍国主義から平和な時代となった。『時』というものは、色も香りもなく、大きく移り変わっていくものだ。戦前、軍人は正義の存在であり、自由主義者や戦争反対者は極悪人《ごくあくにん》とされた。時代が変わると正反対になった」

そして世界の宗教史を辿《たど》り、宗教弾圧に話が及んだ。「我々は難《なん》を恐れてはならない。すべてが広宣流布への一里塚《いちりづか》であり、乗り越えなければならない過程《かてい》だからです」。

折伏《しゃくぶく》のおばあちゃん

「先生の茨城訪問までに、土浦・龍ケ崎《りゅうさき》方面は『ブロックで二世帯の弘教』に挑戦し、先生を迎えました」（永井みつ子、第二茨城総県婦人部議長）。この日、土浦や龍ケ崎の人々もまた、塗炭《とたん》の苦しみを乗り越えて集った。

土浦市の本妙寺。「檀徒総代《そうだい》だった坂本全さんは関東広布の大功労者です。住職はその坂本さんを大勢の前で『一番悪いのはこいつだ！』と罵《ののし》った。坂本さんは『池田先生が僧俗和合をおっしゃっている』と、何を言われても御講に足を運ばれた」（菅谷一子、土浦県副婦人部長）。

龍ケ崎市の要蔵寺。「昭和五十三年二月十三日、住職が御講で、いつものように雑誌片手の学会批判を始めました」（永井みつ子）。終了後、学会員数人で抗議に行った。

住職は「週刊誌を読んでないのか？　週刊誌が正しいんだよ」と突っぱねた。永井は、その時の言葉を今も覚えている。『『では、御書と週刊誌と、どちらが正しいのですか？』との学会員の問いに、彼は『週刊誌だよ』ときっぱり言い切ったのです」。

◇

土浦文化会館での勤行会――会場前方に老婦人が座っていた。塚本はる。「明治三十七年生まれで、〝折伏のおばあちゃん〟と慕《した》われました。土浦の学会員で知らない人はいませんでした」（菅谷一子）。

池田は塚本はるに「おばあちゃん、いつまでもお元気で」と声をかけ、その場で香峯子が一枚の十三行罫紙《けいし》を手渡した。そこには〈仏法は強《あなが》ちに人の貴賤《きせん》には依《よ》るべからず只《ただ》経文を先《さ》きとすべし身の賤《いやしき》をもって其《そ》の法を軽《かろ》んずる事なかれ〉と記されていた（御書四八一㌻）。「身分の高低」で「人の価値」を判断する愚《おろ》かさを突いた、日蓮の一文である。七十八歳のはるは顔をくしゃくしゃにして笑った。

はるは土浦駅の西口で「魚長」という魚屋を切り盛《も》りしていた。漁師から転職した夫の長太郎を支え、仕事は朝四時から夜更《よふ》けまで。天秤棒《てんびんぼう》を肩に担《かつ》ぎ、魚を売りに歩いた。

十一人の子だくさん。「屋根の隙間《すきま》から星空が見えた。雨が降れば傘《かさ》をさして食事した」という経済苦の日々が続いた。夫は酒で荒れた。「あそこの魚屋はもうだめだで」と囁《ささや》かれた。五十歳で入会（一九五五年）。すると「学会員だから貧乏なんだ」と笑われた。奮起《ふんき》し、やがて仕事が軌道《きどう》に乗った。息子の代で中華料理店になり、今も同じ場所で営んでいる。

「体調を崩《くず》した晩年でも、信心の話になると元気になった」と義理の娘の八世江（土浦市、支部副婦人部長）は語る。「あの日、義母はしみじみと語っていました。『オレは、まじめに信心やってきたから、先生の心に通じたんだナ』って」。十一人の子を育てあげた塚本はる。九十四年の生涯で、弘教は一〇〇世帯を超えた。

◇

池田の来訪時に土浦圏婦人部長だった菅谷静江もまた、一九五八年（昭和三十三年）の入会以来、土浦の組織を築いた一人だ。「ぺったんこの下駄《げた》を履《は》いて、おむつが入った袋をさげて学会活動した」と語り残している。でこぼこ道を自転車で二時間かけ、筑波山麓《つくばさんろく》の町へ通ったこともあった。

「会場に着いたら髪の毛も眉《まゆ》もほこりで真っ白。顔を見合わせ大笑いしました」（夫の光、土浦県副県長）。九六年（平成八年）、静江の末期がんが見つかった。夫の光が池田に宛てて手紙を書いた。すぐに和歌が届いた。

人生の
　偉大な使命を
　　果たしたる
　　　母に幸あれ
　　　　母をたたえむ

「大作」というサインの下に、傍点《ぼうてん》が三つ打たれていた。「先生からの伝言が添《そ》えられていました。『真ん中の点は、静江さんだよ。両脇は、僕と家内《かない》だよ』と」（菅谷光）。

それからの三カ月間、菅谷静江はお見舞いに訪れた三十人以上と仏法対話を重ね、六十五年の生涯を閉じた。「あんまり笑顔がきれいで、医師に『ご臨終《りんじゅう》です』と言われるまで、枕元《まくらもと》にいた私も気づきませんでした」（菅谷光）。

◇

一九八一年から八二年にかけて、池田の激励行に同行した聖教新聞記者の松川宜照。「特に、宗門にいじめ抜かれた秋田の人々の笑顔が素晴らしかった。予想していた以上に明るかった」と語る。「そうした印象を、秋田文化会館で先生にそのまま伝えたことがありました」。

池田は「そうじゃないんだ」と言った。

「たとえば子どもがいる。貧乏でおいしいものを食べていないが、外で笑って遊んでいる。親はその様子を笑顔で見守っていても、内心、不憫《ふびん》だと悲しんでいるのだ」

また、飢餓《きが》で苦しむアフリカには「多くの子どもを残して死にゆくお母さんもいる」と池田は続けた。「たとえ、にっこり笑って亡くなっても、心の中には悲しみや心配があったかもしれない。うわべの笑顔だけで判断してはいけないよ。我々は、その笑顔の奥にある心の奥底まで、わかってあげなければいけないんだ」。

それぞれの地に、無数の笑顔が咲いた反転攻勢の旅路。池田と歩みをともにした母たちの合掌《いのり》は、今日も続いている。

第五章

先駆樹《せんくじゅ》――「白樺《しらかば》」に込めた祈り

「先駆樹《せんくじゅ》」（パイオニアツリー）と呼ばれる木がある。

石と土しかないような荒れ地でも、文字通り、他の草木に「先駆《さきが》けて」根を張る。乾燥《かんそう》にも耐《た》え、風にも耐え、痩《や》せ細った土地で真っ先に育つ。

やがて自らの枝や葉で木陰《こかげ》をつくる。落ち葉は養分《ようぶん》となり、後に続く草木を支え、大地を豊かにしていく。

「森の貴婦人《きふじん》」とも呼ばれる「白樺《しらかば》」は、そうした先駆樹の仲間である。

◇

二〇一三年（平成二十五年）の春、創価大学（東京・八王子市）に堅牢《けんろう》な一棟《ひとむね》の校舎が完成した。緑の木々に囲《かこ》まれ、丸みを帯《お》びた四階建て——創価大学看護《かんご》学部である。

そのやわらかなベージュの色調の建物を見守るように、一本の木が植《う》わっている。高さ数メートル、直径もまだ十センチほどの、今は小さな白樺である。

創大の看護学部は、同年四月に初めて新入生を迎えた。池田大作が創立した同大学では一四年（同二十六年）、さらに国際教養学部も新設された。

創価大学看護学部棟の落成式。右端後方の胸章をつけた婦人が大塚トメ
（2013年3月、東京・八王子市）©Seikyo Shimbun

看護学部棟にたたずむ白樺の木。白樺には、これまで無名の看護従事者たちを敬《うやま》い、励ましてきた池田の思いが凝縮《ぎょうしゅく》している。

その歴史を辿《たど》りたい。

「元気そうでよかった」

創大看護学部棟の落成式（三月三十日）は大勢の来賓《らいひん》で賑《にぎ》わった。人混《ひとご》みの中には、長年、看護師として働き、今は杖《つえ》をついて集《つど》う人の姿もあった。

翌日付の聖教新聞を手にした池田は、一枚の写真に目を留《と》めた。看護学部棟の落成を祝うテープカットの瞬間である。何人も写っている写真の端《はし》に、一人の老

婦人の笑顔があった。見落としてしまうほど小さな笑顔だった。池田は、

「元気そうでよかった」

と伝言を託《たく》した。その笑顔の主《ぬし》――大塚トメは、創価大学の開学時から同大学の保健センターに勤《つと》め、約三十年にわたって学生たちの面倒を見てきた功労者である。「看護学部に男子学生も入ってきてくれてうれしい」と語る。「男性の患者には、やはり男性看護師でなければ共感できないこともあるだろうと思いますから」。

◇

大塚トメは一九二〇年（大正九年）、群馬県の黒岩村（現・富岡市）の農家に生まれた。女学校に行きたかったが、支払う学費はなかった。「勉強を続けたいから、働きながら学べる東京の看護学校を選んだ」と語る。

看護婦（＝現在の看護師）の試験に合格した大塚は、横浜の病院などを経て、東京の日本赤十字病院で「救護《きゅうご》看護婦」の教育を受けた。「真珠湾《しんじゅわん》攻撃の翌年でした」。すぐに召集《しょうしゅう》され、中国の南京《ナンキン》に渡った。もともとあった大学の校舎が病院がわりになった。寄宿舎と大学を往復し、傷病兵《しょうびょうへい》を看護する毎日を過ごす。召集直後、大塚は「未《いま》だに脳裏《のうり》から離れません」という光景を目にした。

「現地の人たちがとても貧しい身なりで、日本人が使った食器を洗いながら、その食

器の残飯《ざんぱん》をかき集めて食べていたんです。そういう人々を、日本兵が軍刀《ぐんとう》の柄《つか》で殴《なぐ》りつけているところも見ました」

同じ人間なのに、なぜだ？　中国での日々は、苦《にが》い疑問を胸の底に抱《かか》えたまま続いた。「合歓《ねむ》の花を見ては、故郷の景色を思い出して何度も泣きました」。敗戦の色が濃くなると、看護婦にも車の運転や乗馬の練習、薬草採《やくそうと》りなどが命じられた。

戦争が終わっても「看護の戦争」は続く。大塚たちのもとには日本兵だけでなく、中国兵も運ばれてくるようになった。国籍に関係なく手当てを続けた。「ある中国人将校からは『残って看護を続けてほしい』と懇願《こんがん》されました。あんなひどい戦争をしても、人の心には思いやりが残っていることもあると感じました」。上海《シャンハイ》に移って傷病兵の看護を続けた。敗戦の七カ月後、上海から北九州の門司《もじ》港へ渡り、四年ぶりに母国の土を踏《ふ》んだ。

◇

群馬に戻った大塚は、引き揚げ軍人の一《はじめ》と結婚する。幸せな生活は短かった。「私が長男を身籠《みご》もっていた時、夫は病死しました。二十八歳の若さでした」。上海で患《わずら》った胸の病《やまい》が帰国後に悪化してしまったのだ。

女手一つで子どもを育てるため、大塚は群馬大学で保健婦、助産婦（＝現在の保健師、助産師）、養護教諭《ようごきようゆ》の資格を取った。そして小学校の養護教諭として働き始めた。長男が小学三年生のころ、実家を出ることになり、東京の叔母《おば》を頼って上京。品川にアパートを見つけた。「洗濯屋《せんたく》の仕事で母一人、子一人が食いつなぐ生活でした」。そのアパートの大家が創価学会員だった。「困窮《こんきゆう》している私たちの様子を見かねて、仏法の話をしてくれたんです」。一九五八年（昭和三十三年）、母子で入会した。徐々にだが、生活は軌道《きどう》に乗り、二年後には再び看護婦として働くようになった。

大塚が看護婦に復帰してから十年が経《た》った七〇年（同四十五年）ごろのことである。同じ病院に勤めていた学会員の先輩看護婦から「創価大学に保健室ができる」と聞かされた。

前年、池田が創価大学の「建学の精神」を発表した時、大塚はその会合に参加していた。日本中が「大学紛争」に揺《ゆ》れる中、いよいよ創価大学が船出《ふなで》する。「うれしかった。と同時に『学校なんだから、保健室もできるだろうな。働ければいいな』と、漠然《ばくぜん》とですが思っていました」。

職場の先輩は「一人採用するそうよ。学校と病院と、どちらの勤務経験もあって、保健婦の資格も必要で、すべての条件がそろった人はそんなにいないわよ。あなた、履歴書《りれきしよ》を出してみたら」と後押ししてくれた。「でも、まさか本当に採用になるなんて思ってもいませんでした」と振り返る大塚。翌年、開学と同時に創価大学で働き始めた。

「学生を頼みます」

創立者として学生に接する池田の姿を、大塚トメは何度も目にすることになる。ある日、校舎のロビーで池田とすれ違った時には「大塚さんだね。学生がお世話になるね」と声をかけられた。「ちょうど行事の日だったので、大学職員はネームプレートをつけていました。先生は私のプレートをじっとご覧になった後、十メートルほど向こうへ歩いて、もう一度こちらに戻ってきて一言、『覚えたよ』と言われました」。

池田は来学した際、度々《たびたび》、保健センターを訪《おとず》れ、学生の様子を尋《たず》ねた。「扉《とびら》をノックされ、『患者いる?』『いつもありがとう』とよく声をかけてくださいました」。

とくに忘れられない光景があるという。「昭和四十八年に行われた、夏の行事の『滝山祭』です」。中央体育館で納涼盆踊《のうりょうぼんおど》り大会が開かれた。池田は背広《せびろ》を浴衣《ゆかた》に着替えて、学生の輪に飛び込んだ。自ら太鼓《たいこ》のバチを手にとり、盆踊りのリズムに合わせて太鼓を叩《たた》いた。掌《てのひら》にできたマメがつぶれ、学生に絆創膏《ばんそうこう》を貼《は》ってもらう一幕《ひとまく》もあった。

大塚はその日、体育館内で救護役員として待機していた。太鼓を叩きに向かう池田は、柱の陰《かげ》に控《ひか》えていた大塚を見つけ、一言、声をかけてから会場に向かった。しかし、喧噪《けんそう》の中でよく聞き取れなかった。しばらくして、池田のそばにいた役員が大塚のもとへ走ってきた。「今、先生が何と言われたかわかりましたか？　先生は大塚さんに『学生を頼みます』と言われたんですよ」と教えてくれた。

渾身《こんしん》の力で太鼓を叩き、学生を励まし続ける池田の姿を見つめながら、大塚は「私も学生さんを何よりも大事にしよう」と心に決めた。

開学当時から自家製《じかせい》のドーナツを学生にふるまった。食べ盛りの学生たちから「大塚ドーナツ」の愛称で喜ばれた。「ある一期生の寮生が風邪《かぜ》で熱を出した時、校医の先生の病院がすぐ近くなので、そちらに行くように言ったのですが……」。その寮生から「『大塚病院』がいいんです」「顔を見て話を聞いてもらえればいいから」と言われ、相談相手になったこともあった。

母のたつを看取《みと》った後は、創大で一番古い学生寮である「滝山南《なん》寮」の一室に住み込んだ。夜中でも学生たちを看病した。

「いまの学長さんも理事長さんも、創大出身の方になりましたね。創大で学ぶ人は、

第２回滝山祭に参加し、浴衣姿で太鼓を叩く池田（1973年７月、東京・八王子市）©Seikyo Shimbun

キリスト教徒もイスラム教徒も共産圏《きょうさんけん》の学生も全員、『池田先生からお預《あず》かりした子ども』と思って接してきました」

八十歳で退職する際、創価大学は大塚の功労を讃《たた》え、最大の感謝を込めた賞を贈った。その功績を讃える桜も植樹された。大学内には、これまでの功労者の名を刻んだ何本もの木々が学生たちを見守っている。「大塚桜」は、大塚とともに創大職員として学生に尽くした先駆者を偲《しの》ぶ桜の隣に植わっている。

「創価大学に看護学部ができて、思うんです。病《や》める人が多い社会です。一番大事なのは人の心のケアです。温かな心を持った看護師――そうした人材を社会に輩出《はいしゅつ》しなければ、という、池田先生の年来の思いの結実《けつじつ》ではないでしょうか」。ふくよかな掌《てのひら》を胸の前で合わせ、九十三歳の大塚は祈るように語った。

ドーナツは、今も創大野球部に届けている。

かつて池田は大塚に、自らの写真紀行集を届けた。大判の書籍の見返しには池田の筆で、

崇高《すうこう》な　眞心《まごころ》　嬉《うれ》しく　君の名を
佛天《ぶつてん》までも　讃《たた》えほめなむ
七月十七日　大作
大塚トメ先生

と記されている。

白樺グループの誕生

昭和四十年代の日本では、看護婦を取り巻く劣悪《れつあく》な環境が社会問題になった。病院

のベッド数が増えるいっぽう、看護婦の不足は年を追うごとに深刻化《しんこくか》した。一日三交代の勤務のうち、「準夜勤《じゅんやきん》」と「深夜勤」を合わせて「一カ月に二十回」を超えてしまう人もいた。

近代看護の基礎《きそ》をつくりあげたフローレンス・ナイチンゲールは、一八六〇年に出版した名著『看護覚え書《かんごおぼえがき》』で〈看護婦の睡眠《すいみん》についての明確な協定が、常に交《か》わされるべきである〉と指摘している。それから一〇〇年以上が経《た》った一九六五年（昭和四十年）、新潟のある病院で悲劇が起きた。

二人目の子を妊娠《にんしん》していた看護婦が、夜勤を続けた末、異常分娩《ぶんべん》となり、出産直後に亡くなったのである。三十四歳だった。この痛ましい事件を機に、労働条件の改善を求める運動が全国に広がった。「夜勤は二人以上」「一カ月で八日以内」という最低条件を掲げたこの運動は、「二」と「八」をとって「ニッパチ闘争」と呼ばれた。

看護婦として働く創価学会女子部のメンバーが初めて正式な会合を開いたのは、六九年（同四十四年）六月六日である。池田は、彼女たちの集まりを「白樺グループ」と名づけた。

なぜ「白樺」だったのか。

「白樺会」（婦人部の看護従事者の集い）の総合委員長を務《つと》める小島明子は「白樺とい

う木の特長を調べてみると、看護師の集まりに『白樺』と名づけられた意味がよくわかります」と語る。有志で調べた「白樺」の意味を、幾《いく》つか挙《あ》げてもらった。

――山火事、火山の噴火《ふんか》、地震などの後、最初に姿を見せる「生命力の強い木」である。

――根を下ろした場所を肥沃《ひよく》な土壌《どじょう》に変える。大群落《だいぐんらく》をつくる。

――寒さが厳しいほど、その樹皮《じゅひ》は白さを増す。

――ロシアでは「健康」のシンボル。「そばに立つと身も心も癒《いや》される木」と言われる。欧米ではケガや病を除《よ》ける力があると伝えられる。

なによりも白樺の樹皮の白は、看護師の制服の白を連想させる。

「同じ職業の人たちで切磋琢磨《せっさたくま》していきなさい」

初会合には四十数人が集まり、代表して三人が抱負《ほうふ》を語った。その一人、稲光禮子《れいこ》は「看護に対する認識がまだまだ低い時代でした。三交代の勤務に加えて当直も多く、創価学会の会合にもなかなか参加できません。だから白樺グループが発足した時には本当にうれしかった」と語る。

「当日は先生から『同じ職業の人たちで切磋琢磨《せっさたくま》していきなさい』という伝言もいただきました」

稲光は当時、慶應《けいおう》義塾大学の付属病院で働き、病棟《びょうとう》主任（＝看護師長）も務めた。

「父親は福岡の久留米で大きな鋳物《いもの》工場を経営していたのですが、B29の空襲ですべて灰になりました。私は四歳でした。母に連れられて畑に逃げ込み、上空から見えないようにとイモの葉っぱを何枚もかぶせられたことを覚えています」。

中学三年で読んだナイチンゲールの伝記が、看護の道に進むきっかけになった。久留米の定時制高校で学びながら看護婦として働いた。

「創価学会に入っている患者さんの術後回復《じゅつごかいふく》は、他の患者さんに比べて良いのではないか。そう思わざるをえない機会が何度もありました。また、ちょうど同じころ、腎臓《じんぞう》の病気で悩んでいた職場の先輩が学会に入ったんですが、仕事ぶりも、性格も、どんどん前向きに変わっていったんです。『これは一体何だろう。一度やってみよう』と思いました」。一九六一年（昭和三十六年）の春のことだった。

上京し、慶應病院で八年働いた。その実績が認められ、東海大学医療技術短大の設立に携《たずさ》わる。助教授時代から「医短《いたん》の母」として慕《した》われ、基礎《きそ》看護学を教えた。日中国交正常化二十周年を記念する北京《ペキン》の医学大会では「死生観《しせいかん》と看護教育」と題する研究発表を行い、大きな反響を呼んだ。

「私の九〇〇〇人の子どもが死に、忘れられた」

白樺グループの初会合の席で「ソ連のナホトカを経由《けいゆ》してドイツに渡ります」と語って皆を驚かせたのは山本鶴子である。東京・広尾《ひろお》の日本赤十字社医療センターに勤めていた。一年ほど前、池田が大きな会合で「青年は世界に雄飛《ゆうひ》しよう」と訴えた。山本はそのころからドイツ語を学び始めた。ドイツSGI（創価学会インタナショナル）理事長を務めたペーター・キューンの伴侶《はんりょ》として、生涯、ヨーロッパSGIの発展を支えることになる。

もう一人の登壇者《とうだんしゃ》である吉岡敏子は、二カ月前から東京医科大の看護専門学校で基礎看護学を教え始めたばかりだった。「私も広尾の日赤《にっせき》で働いていました。池田先生が白樺グループをつくってくださって本当にうれしかったです」と語る。過酷《かこく》な職場である。同じ志《こころざし》、同じ悩みを持つ者同士が集まり、祈り、励まし合う。そういう場があるだけで、ずいぶん心を強く持つことができた。

「白樺グループの発足直後から、ナイチンゲールの『看護覚え書』を教材にして毎月のように勉強会をしました。ドイツに行った山本鶴子さんも、のちにナイチンゲールの資料を翻訳して送ってくれました」(吉岡敏子)

◇

〈私は現在六人の、死を目前にした患者を抱えております〉――山本鶴子が翻訳してドイツから日本に送った、ナイチンゲールの手紙の一節である。ドイツで看護の訓練を受けたナイチンゲールは、三十三歳の時、ロンドンの病院で働き始めた。そのころの手紙である。看護の現場に〈患者に対して愛情も良心もない〉人が多すぎる現状を嘆《なげ》いている。

この年、「クリミア戦争」が始まった。ロシア軍とオスマン帝国・英・仏・サルデーニャ連合軍が戦い、二十万人が命を落とした。ナイチンゲールは三十八人のイギリス看護婦隊を率《ひき》いて戦地に赴《おもむ》き、二年にわたる地獄の日々を体験する。

◇

池田はこれまでナイチンゲールの人生について、自らのスピーチで何度も取り上げている。仏法で説かれる「菩薩《ぼさつ》」の生き方と重ね合わせ、SGIの青年部に対しても語ってきた。

――「クリミアの天使」と呼ばれたナイチンゲールは「書き続ける一生」を生きた。

書いた本は約二〇〇冊。手紙は現存するだけで一万二〇〇〇通にも及ぶ。クリミア戦争で死んだ兵士の遺族《いぞく》に宛《あ》てた手紙は数えきれない。

彼女は兵士たちを「わが子」と呼んだ。〈私の子供たちのうち九〇〇〇人が死んで葬《ほうむ》られ、忘れ去られたが、この死は防ぐことができたかもしれなかったのだ。私は忘れることができない〉[※1]。帰国後は陸軍の衛生状態を改善するため、ビクトリア女王に直訴《じきそ》したこともある。女王が報告を〝見てわかる〟ように、円グラフを使ったこともよく知られている。

しかし、ナイチンゲールにとって「本当の闘い」は、クリミア戦争の後にやってきた。激しい虚脱《きよだつ》状態に陥《おちい》った彼女は、一時は医師から死亡通知を書かれるほど衰弱《すいじやく》してしまったのだ。絶望の淵《ふち》から這《は》い上がる道のりが、そのまま「近代看護の母」の歩みとなった。ナイチンゲールは自ら〈私はクリミアでなんと無能《むのう》だったことだろう！　しかし神はそこから正規《せいき》の看護教育を育て上げたのだ！〉[※1]と回想している。〈私は、殺された人びとの弔《とむら》いの場に立っています。そして生きている限り、この人たちの大義のために闘います〉[※1]。この一言がナイチンゲールの後半生《こうはんせい》を貫《つらぬ》いている。

◇

結成直後の白樺グループが学び合ったナイチンゲールの『看護覚え書』は、クリミア戦争の四年後に出版された。ナイチンゲールの代表作であり、歴史上、初めて生まれた看護の専門書でもある。

第一章の「換気《かんき》と保温《ほおん》」から始まり、「太陽の光」がどれほど大事か、病人にどう質問すべきか、患者の個性をどう見抜くか、ベッドの横幅《よこはば》や高さ、枕《まくら》のあてがい方、音楽の効用……等々、じつに幅広いテーマが書き込まれている。すべては〈患者の生命力の消耗《しょうもう》を最小にする〉ために必要なことだった。当時、「看護」といえば〈せいぜい薬を服《の》ませたり湿布剤《しっぷざい》を貼《は》ったりすること〉と思われていた。そんな「常識」と闘う「挑戦の書」でもあった。

〈看護については「神秘《しんぴ》」などはまったく存在しない〉と彼女は強調する。〈良い看護というものは、あらゆる病気に共通するこまごましたこと、および一人ひとりの病人に固有のこまごましたことを観察すること、ただこれだけで成り立っているのである〉[※2]。

そして看護ほど〈他人の感情のただなかへ自己を投入する能力〉を必要とする仕事は、ほかに存在しないとも訴えた。

〈看護婦は自分の職業を尊《とうと》ばなければならない。天の与《あた》えた貴《とうと》い生命は、しばしば文字どおり看護婦の手中《しゅちゅう》に委《ゆだ》ねられるからである〉[※2]

「諦《あきら》めという言葉は私の辞書にはない」

〈キリストは、ユダというひとりの人によってうらぎられました。けれども、わたしの主張はあらゆる人によってうらぎられてきました――つぶされ、たたかれ、すてられてきました〉[※3]。日本、アメリカ、フランス、イタリア合同の青年研修会（一九八六年、東京）で池田は、周囲の無理解と闘い続けた、このナイチンゲールの言葉に触れている。

そして「彼女の人生観の一つの真髄《しんずい》といえるかもしれない」という手紙の一節を紹介した。池田はその言葉を、聖教新聞に六回にわたって連載された「ナイチンゲールを語る」（二〇〇二年）でも再び引用している。クリミア戦争の渦中《かちゅう》、ナイチンゲールが本国の支援者に宛《あ》てた手紙である。

〈ここ（＝戦地）における真の屈辱《くつじょく》、真の辛苦《しんく》ともいうべきは、紳士《しんし》でもなければ教養人でもなく、また実業家でさえなく、ましてや思いやりもなく、ただただ責任回避《かいひ》と保身《ほしん》しか念頭《ねんとう》にないような人間たちを相手に、何とか仕事を進めて行かねばならぬというところにあるのです[※4]〉

権限もないのに威張《いば》り散らし、そのくせ自らの発言が引き起こす悪影響には一切責任をとるつもりのない、無慈悲な医師団や軍人、政治家たちに囲まれながら、看護をめぐる無知と偏見《へんけん》を打ち破り続けたナイチンゲールならではの言葉である。

池田はこの怒りの手紙を読み上げ、「私にはよくわかるし、いい言葉であると思う」と語った。

また池田は、次のような手紙も紹介した。

〈ここにいる役人たちの中に、できれば私をジャンヌ・ダルクのように焼き殺してやりたいと願わない者はひとりもいないでしょう。しかし国民が私の味方であるために、陸軍省《りくぐんしょう》も私を追い出せないということを、彼らもよく承知《しょうち》している——これが私の置かれた立場です〉※4

〈諦《あきら》めなどという言葉は私の辞書にはない〉※4、〈演劇の合唱隊みたいに、二分おきに「進め、進め」と大声で歌いながら一歩も足を進めないような人間にだけはならないようにしようではありませんか〉※5……血のにじむような「闘う人のことば」を、池田は優《すぐ》れた人間論、リーダー論として、世界各地の青年と共有していった。

それは、とりもなおさず、看護に携《たずさ》わる白樺の友の苦労と努力を、心から包み込もうとする池田の一念のあらわれでもあった。

「感謝」を形にする人

白樺は「カバノキ属《ぞく》」の落葉樹である。この「カバノキ」は、アイヌ語の「カリンパ」（＝桜の木の皮）に由来するという。

池田は、日本で最も白樺の映《は》える北海道の地に、白樺グループを讃える「碑《ひ》」を建て、あわせて白樺の木も植樹してはどうかと提案した。

『白樺』の皆さんは、いつも大変な所で働いて、暑い思いをしているから、碑は涼《すず》しい大沼（＝函館研修道場）にしたんだよ」。碑の起工式の日、池田はこう言って参加者をねぎらった。一九七八年（昭和五十三年）六月二十三日のことである。この日、北海道や東京の代表が函館研修道場に集まった。

◇

起工式に参加した人々の中には「母子《ははこ》二代」で保健婦として働くメンバーもいた。

安藤真理は「函館から少し離れた南茅部《かやべ》町（当時）という漁師町で働いていました」と振り返る。「人口一万二〇〇〇人の町に、かつて保健婦は私の母一人しかいませんでした。町長さんから頼まれて、私も赴任《ふにん》したんです」。

安藤が幼いころ、父の正治郎は函館の病院で事務長をしていたが、結核で倒れた。兄も感染してしまった。母のテルが創価学会に入ったのはそのころである。テルは二人の治療費を稼《かせ》ぐため、当時「陸の孤島《ことう》」と言われていた石狩の浜益《はまます》村に保健婦として単身赴任した。

「母の勤務先は送毛《おくりげ》という七十戸ほどの集落で、完全な無医村《むいそん》でした。医療についての相談はすべて母に寄せられました」。テルが函館に戻る時、村人から「残ってくれ」と泣いて頼まれたという。

父の正治郎は、結核の薬の副作用で耳が聞こえなくなってしまい、銭湯《せんとう》の管理人として働き始めた。中学生だった安藤は、学校から戻ると番台にあがり、銭湯を閉めた後はデッキブラシでタイルを掃除《そうじ》して父を助けた。その後、医療専門学校の保健婦学科を卒業した安藤は、当時、母のテルが働いていた南茅部町に赴任したのである。

「大沼の研修道場がオープンした時、池田先生にお会いしました。その時の『何があっても題目だよ。題目をあげれば道は開けるよ』という一言が、私の原点です」

◇

安藤と一緒に起工式へ駆けつけた飯田利恵子は、函館市内の病院で働いていた。

「学会に入ったのは四年前でした。いとこから勧《すす》められて小説『人間革命』を読んだことがきっかけです」。

飯田の父は当初、「創価学会は貧乏人と病人の集まりだから、絶対に入るな」と激しく反対していた。「『創価学会が祈ればお米が湧《わ》いてくるのか』と口を極《きわ》めて罵《ののし》っていた父ですが、晩年《ばんねん》は聖教新聞を読むようになりました」。

初めて池田と会った飯田は、指導者とはこれほどまでに「感謝」を形にするものなのか、と驚いたという。「研修道場を散策《さんさく》しながら、まだ若い私たちに対して『ありがとう、ありがとう』と何度もおっしゃった。その後も救護役員として何度かごあいさつする機会がありましたが、一度も例外はありませんでした」。

北海道の白樺会委員長を務める島美恵子も、ともに散策した一人である。札幌市の保健所で働いていた。「先生が『このあたりは日陰《ひかげ》だろう。でも白樺は、日陰でもまっすぐ天に向かって伸びているだろう』と話された姿が印象に残っています。『白樺グループ』と名づけた意味を確かめておられるように見えました」。

「生き抜くんだ。丈夫になるんだ」

「人生には題目があるんだよ」

吉田千代子は札幌の病院で結核病棟《けっかくびょうとう》を担当していた。「起工式の前年にも、北海道に来られた池田先生と懇談する機会があり、どの科で働いているのかを尋ねられました。『ぼくも結核をやったんだよ』『創価学会の会長になって今年で十七年だ』という言葉が印象に残っています」。

「ぼくの奥さんは、看護婦であり栄養士だ。お世話になっています」「奥さんはぼくより信心が長いんだよ。牧口先生（＝牧口常三郎初代会長）の時代からだよ」と話す池田の傍《かたわ》らで、妻の香峯子《かねこ》は微笑《ほほえ》み、時折うなずいた。

北海道大学の附属病院に勤めていた中川京子は、白樺の碑の起工式に間に合わなかった。「前日は夕方で仕事が終わるはずだったのですが、急遽《きゅうきょ》、同僚との交代があり、深夜勤務もすることになったんです」。

中川は当時、北海道の白樺グループの中心者だった。夜勤を終え、急いで研修道場に駆けつけた時は池田が発《た》つ寸前だった。「よく来たね！」と励ます池田と握手を交わした後、安心したのか、どっと疲れが出た中川は思わず膝《ひざ》をついてしまった。じつは中川は、重度の免疫系疾患《しっかん》だった。「当時、慢性的《まんせいてき》な全身の痛みや極度の疲労感にさいなまれていました」。池田も中川の病状について報告を受けていた。

「生き抜くんだ。丈夫になるんだ」。池田の声が響いた。「頑健《がんけん》になるんだ。丈夫になるんだよ」と繰り返し、時折、中川の腕を支えながら、白樺を植樹した場所まで案内した。

「心のどこかで『長生きできない』と思っていました。先生から『生き抜くんだ』と厳しく言われて、ハッとしました」と中川は振り返る。

小さいころから体が弱かった中川にとって、保健師や病院はいつも身近な存在だった。札幌にある准《じゅん》看護学校を卒業した。「看護師として働き始めてしばらく経ったころ、ある看護師が転勤してきました。さまざま悩みを抱えながらも、なぜか患者さんからはとても慕《した》われている人で、彼女は学会員だったんです」。

かつて母から「暴力宗教だと聞いているから、創価学会だけは入ってはいけないよ」と言われていた。「でも『十界論《じっかいろん》』を聞いて目から鱗《うろこ》が落ちました。仏の生命が、ほかならぬ私自身の中に具《そな》わっている、という思想に感動しました」。一九六八年（昭和四十三年）の秋、中川は創価学会の信仰を選んだ。

◇

出発間際《まぎわ》の池田は、中川たちをともない、植樹したばかりの白樺まで歩いた。「たくさんの木々に囲まれた場所で、『陽《ひ》はあまり当たらないなあ』と思った瞬間でした」（中川京子）。白樺の立っている場所に一条《いちじょう》の光が射《さ》し込んだ。池田が「美しいね。

看護師の代表と語り合う池田。ドクター部や白樺の友との対話は『健康の智慧——仏法の眼・医学の眼』（『池田大作全集』第 66 巻に収録）として発刊された（1996 年 9 月、長野研修道場）©Seikyo Shimbun

白樺は気品《きひん》があるね」と語った。絵のような光景だった。

「私は『いつ倒れてもいいように生きよう』と思っていましたが、後ろ向きで、悲観的でした。違ったんですね。『私はこれまで、生き抜くことを本当に願っていたのか？』と自問自答しました」。そう中川は語る。

「題目だよ。人生には題目があるんだよ」と励ましてくれた池田の言葉が、いつまでも胸に残った。中川の症状は、薄紙《うすがみ》をはぐように良くなっていった。定年退職した現在も、在宅医療と看護を陰《かげ》で支えるサポーターとして働いている。

その中川の紹介で創価学会に入った蛯《えび》澤《さわ》美保子も、この日の植樹に参加していた。「あの日は『華冠《かかん》グループ』の方も一緒に記念碑を起工《きこう》しました」。「華冠グループ」は、美容関係の仕事に携わる女子部のグループである。

池田は起工式の前、両グループとの懇談の場で「どちらも一生の仕事で、人のためになる仕事だね」と励ました。「先生は『華冠グループの人は、髪を切り、きれいにしてあげて、相手の喜びを引き出す。白樺グループは、つらい、苦しんでいる人を〝抜苦与楽《ばつくよらく》〟する。苦しみを抜いて、人を楽にしてあげる仕事だ』と言われました。よく覚えています」（蛯澤美保子）。

同席していた原田稔（創価学会会長）は語る。「看護師の皆さんは、場合によっては医師よりも切実《せつじつ》に、患者の生死にかかわることが多い。苦労の多い職場です。また会合の救護役員としても、常に学会員がお世話になっている。だからこそ先生は、ひときわ大事にしてこられたのだと思います」。

「皆さんは創価学会の長女だよ」

碑の起工式の際、皆を代表して鍬入《くわい》れをしたのは古川敦恵である。東京にある国立の看護学校で教官をしていた。当日の朝、飛行機に乗って駆けつけた。

鍬入れなどしたことがない古川は、スコップを持ったまま「どうすればいいのですか」と池田に尋ねた。池田は笑いながら「土をかければいいんだよ」と教えた。

起工式の後にも懇談の場が持たれた。「先生は華冠グループと白樺グループに、後輩の模範となるよう期待を込めて『皆さんは創価学会の長女だよ』『大地にしっかり根を張るんだ。一生涯、強い絆《きずな》で結ばれていくんだよ』と励ましていただきました」。

◇

古川敦恵の両親は戦争中、満州（現在の中国東北部）に住み、「熊本屋」という屋号で材木業などを手がけていた。二〇〇人ほどを雇《やと》う豊かな生活は、敗戦と同時に壊《こわ》れた。三歳になる古川は、両親と兄の悦満、二歳年下の妹の貴志子とともに収容所へ送られた。

収容所の食事はコーリャンばかりだったが、周囲の人々が「熊本屋の子にコーリャンは食べさせられない」と白米を用意してくれたこともあった。「両親が現地の人に優しく接していたからだと思います」。収容所から解放された後、妹の貴志子は日本へ帰る引き揚げ船の中で腸《ちょう》チフスに罹《かか》り、命を落とした。

帰国後は熊本の津奈木町に住み、一家は魚屋を営《いとな》んだ。八代海の見える家だった。六歳の夏、古川は兄の悦満たちと海水浴に行った。夢中で遊んでいて、兄がいなくなったことに気づかなかった。「あんちゃんが上がってこねえぞ」と叫《さけ》ぶ声が聞こえた。引き揚げられた時には、すでに手遅れだった。兄の葬儀の後も、家からは以前と変わらず海が見えた。「父が号泣《ごうきゅう》する姿を初めて見ました。五年後、引っ越した先で、両親は日雇《ひやと》いの仕事をして生計《せいけい》を立てるようになりました」。

古川は小学五年生のころから、共働きの両親に代わって家事のほとんどを担《にな》い、生まれたばかりの末っ子をおぶって小学校に通った。中学の三年間は、もう一人の弟も連れて通学した。一日も休まなかった。

中学の担任から「君は看護の仕事が向いているのではないか」と勧められた。「学校の先生になりたかったのですが、家計を支えながら勉強できる看護の道を選んだ」という古川は、苦学を重《かさ》ね、数十倍の競争率を突破して熊本県内の准看護学校に進んだ。

古川が看護学生として初めて赴任した先は、ハンセン病の療養所だった。

「一生懸命やっているのに、なかなかうまくいかない」。無力感にさいなまれた。「あの時の自分は、ただ動くだけの、白衣《はくい》を着た人形のようだった」と古川は振り返る。

「それまでは努力と信念で、経済的な壁《かべ》も、進路の壁も乗り越えてきました。でも、あの時ばかりは、努力と信念だけではどうしようもない状態でした」

「何十年も社会から完全に隔絶《かくぜつ》されている入所者の方々にとって、社会と触れる機会は医療者である私たちしかいませんでした」と古川は語る。

未熟《みじゅく》な私にできることなどないのではないか。この仕事を続けられるのか。悩み続けた。准看護学校を卒業した後、進むべき道が見えなくなったこともあった。

十九歳のある日、休暇《きゅうか》で実家に戻ると、見慣れない仏壇が置かれていた。家族は創価学会に入っていた。古川は聖教新聞や教学の本を読み、「希望の持てない自分と決別《けつべつ》できるなら」と入会した。

◇

その一年後、職場で内科の担当に。「四十代半ばの男性入所者Aさんがいました。ある時、Aさんから『古川さん、ぼくたちが生きている意味があるじゃろか……』と尋ねられたんです」。

その一言は、古川の心を激しく揺さぶった。「衝撃でした。『(意味は)ありますよ』と口にするのが精一杯《せいいっぱい》でした」。

「力をつけようと誓いました。いつの日か私の看護人生の最終章では、技術的にも、知識も、そして人間的にも最高の看護で、ハンセン病に苦しむ人たちの力になろうと決意したんです」

函館で池田と出会った時、古川はこの誓いを胸に秘めて看護に取り組んでいた。

「国家による犯罪」の犠牲者《ぎせいしゃ》に寄り添って

明治以降の日本が行ったハンセン病対策は、二〇〇一年（平成十三年）になってようやく「国家による犯罪」として認められた。

「死ぬまで強制的に隔離《かくり》する」という国策《こくさく》に、〈地方自治体や個々の医師も加担《かたん》し、さらに宗教団体やジャーナリズムもそれを煽《あお》った〉（『近現代日本ハンセン病問題資料集成〈戦前編〉』第1巻、不二出版）。しかし、その実態は広く知られていない。

ハンセン病は「らい菌《きん》」による感染症である。菌の感染力はきわめて弱い。感染のスピードも非常に遅く、発症も少ない。これらの事実は、すでに、隔離《かくり》政策が始まった一九〇七年（明治四十年）の時点でわかっていた。〈それにもかかわらず、国家は終生《しゅうせい》隔離を強行した。さらに、隔離施設内では病者に労働を強制し、子孫を残さぬよう断種《だんしゅ》までおこない、さらに施設にとって反抗的な病者を不当《ふとう》に監禁《かんきん》して死に到《いた》らしめた〉（同）。

「特別病室」と称する暖房もない部屋に閉じ込められ、凍死《とうし》、衰弱死《すいじゃくし》、自死《じし》した入所者もいた。ナチスのアウシュビッツ強制収容所と比較される虐殺《ぎやくさつ》だった。

日本には「文明国」を目指す見栄《みえ》があった。ファシズムの流れに乗って「民族浄化《みんぞくじようか》」という大義名分も悪用された。ハンセン病は日本民族を汚《けが》す悪だというのである。ある療養所では「民族浄化目指しつつ」という歌詞を、あろうことか入所者自身に歌わせていた。

さらに戦局が悪くなると、入所者を「戦時労働力」として退所させた療養所もあった。「死ぬまで強制的に隔離する」という国策は、じつにいいかげんなものだった。

自分の名前を隠《かく》し、仮名《かめい》で一生を過ごし、「家族に迷惑がかかるから」と仮名のまま葬《ほうむ》られた入所者もいる。二〇〇〇年（平成十二年）に「潮賞」を受賞した井上佳子の『孤高《ここう》の桜』は、そうしたハンセン病入所者の生活に寄り添った佳品《かひん》である。

「あなたの笑顔が最高の薬だった」

古川が「白樺グループ」の委員長になった一九七三年（昭和四十八年）、池田から同グループに二〇〇〇枚もの写真が届いた。「先生がフランスのロワールで撮られた写真でした」。その写真には美しい夕陽が写っていた。まだまだ看護婦の労働条件が厳しい時代である。なんとか全国の白樺メンバーを励まそうとする心遣いだった。

古川は仲間と切磋琢磨《せっさたくま》しながら、結核専門の病院、呼吸器系の病棟、小児心臓外科のある病院、国立がんセンターなど、さまざまな職場を経《へ》てきた。そして五十代半ば、都内のハンセン病療養所に赴任が決まった。

「本日、副看護部長として参りました古川敦恵でございます」——勤務の初日、慣例に従《したが》い、園内の放送であいさつした。古川は感謝の言葉を述べた。「私が看護こそわが人生と決めて、ここまでくることができましたのは、皆様のお仲間に、看護の素晴らしさを教えていただいたからです。三十八年間、修業してまいりました。どうぞ私を思う存分、お使いください」。

その翌日のことである。園内の廊下《ろうか》で話をしていると、全盲《ぜんもう》の入所者が二人、小走りで近寄ってきた。

「その声は、昨日来てくれた副看護部長だろう?」。目は見えずとも、耳でわかったのだ。二人の入所者は「ハンセン病棟で働いたことのある副看護部長は初めてだよ」「うれしいよ」「生きていてよかったと思うよ」と矢継《やつ》ぎ早《ばや》に声をかけながら、古川の手をとった。

「駆け出しのころ、『ぼくたちが生きている意味があるじゃろか』と言われたAさん

に、三十八年越しでお応《こた》えできたように感じました」(古川敦恵)

退職までの四年間、古川はハンセン病入所者のもとで働いた。療養所を去る日、入所者たちが「あなたの笑顔が最高の薬だった」「あなたとの出会いが一生の財産になった」と口々に声をかけてくれた。

古川は今、これまでの経験を生かしながら、学会活動の現場でさまざまな悩みを聴き、励ます日々を送っている。

「『必ず叶《かな》えなければならないこと』を、突きつけられ続けているのが人生だと思います。先生のご指導と祈りを根本にして、どのように相手に心を尽《つ》くすことができるのか、それが問われているのは、病院の中に限ったことではありません」と語る。

◇

記念の碑が設置されている函館研修道場では、今も白樺グループや婦人部の白樺会が研修を行い、「いのちの守《まも》り人《びと》」としての決意を新たにする。

池田が「白樺」の友に贈ってきた数多くの言葉の中に、

誰よりも
賢く尊き

白樺は
生死《しょうじ》の博士と
使命よ 輝け

という和歌がある。

さらに「白樺会ありての創価学会」とも語り、全幅《ぜんぷく》の信頼を寄せる。

池田とともに道なき道を切り開いてきた「生死の博士」たちの物語を、さらに辿りたい。


（ナイチンゲールの言葉は以下の出典に拠った。※1＝『ナイティンゲールのことば』医学書院、※2＝『看護覚え書』現代社、※3＝『クリミアの天使〈ナイチンゲール〉』学習研究社、※4＝『フロレンス・ナイチンゲールの生涯』現代社、※5＝『ナイチンゲール著作集』現代社）

第六章

師弟——逆風に立ち向かう力《ちから》

全員の視線が一点に集まった。

「若輩《じゃくはい》ではございますが」

三十二歳の池田大作の声が、日大講堂に響《ひび》いた。「本日より、戸田門下生を代表して、化儀《けぎ》の広宣流布を目指し、一歩前進への指揮を執《と》らせていただきます」。

場内が割れるような拍手に包まれたその時、新井麗子は二階に立ち、正面から壇上を見守っていた。一九六〇年（昭和三十五年）五月三日、東京。創価学会の第三代会長就任式である。「あの日は救護班《きゅうごはん》として参加しました。当時、看護婦として働いていたんです」。

一人も具合が悪くならないように

日大講堂の二階席や三階席は、ぐるりと三六〇度、壇上を囲《かこ》んでいた。二階正面に立つと、ちょうど講堂全体を見渡すことができた。

抱負《ほうふ》を語る池田の姿を、新井は看護婦として見つめた。登壇する人たちが最高の体調で臨《のぞ》めるように、具合《ぐあい》の悪くなる参加者が一人もいないように、就任式が終わるまで心の中で祈り続けた。

「前日は、日大講堂に近い錦糸町《きんしちょう》の先輩宅に泊まって、早朝に講堂入りして準備にあたりました。就任式が始まる前、地下の救護室で作業していると、池田先生が来られました」。各部門のスタッフにあいさつして回っているようだった。

居合わせた人々に池田は「皆さんご苦労さま。今日はよろしくお願いします」と頭を下げた。「先生は私たちに深々とお辞儀《じぎ》され、『自分の持ち場は自分で守ってくださいね』とおっしゃって、すぐ次の場所に向かわれました。とても重要な場に居合わせていたのだと、今になって感じます」。

◇

看護の仕事に携《たずさ》わる「白樺《しらかば》グループ」「白樺会」の人々は、創価学会のさまざまな会合に救護スタッフとして参加することが多い。そうした折々に、池田が心を砕《くだ》き、ときに神経を深くすり減らしながら、悩む友を励まし、指導する様子を垣間《かいま》見てきた。

「私が初めて救護役員に就《つ》いたのは、昭和三十三年の四月、戸田先生（＝戸田城聖《じょうせい》。創価学会第二代会長）の葬儀《そうぎ》でした。豊島公会堂の戸田先生の『金曜講義』はいつも満員で、外から一生懸命聞きました」と語る新井。創価学会に入る前後で、まともに働くことなど思いもよらない闘病《とうびょう》の苦労を乗り越えてきた。

悲しみを乗り越えて

「戦争中は、ほとんど学校に行かず、鉄工所で飛行機に使う部品を旋盤《せんばん》で削《けず》る毎日でした」。新井麗子は国民学校高等科を卒業し、埼玉・所沢の役場で働き始めた。戦争が終わった二年後、妹が生まれた。「母は自宅で出産しました。その時、分娩《ぶんべん》に立ち会った助産婦《じょさんぷ》（＝現在の助産師）の肥田野かめさんを手伝ったことから、看護の道に進みました」。

肥田野から「助産婦にならないか」と声をかけられた新井は、肥田野の助産院で見習いとして働きながら、看護の学校に通った。やがて看護婦として国立療養所豊岡病院（現・西埼玉中央病院）に勤務するが、以前から抱えていた神経痛が悪化し、あまりの痛さで椅子《いす》にも座れなくなった。

「大学病院で仙骨《せんこつ》のカリエスではないかと言われたのですが、コルセットをつけて治療しても治らず、半年後には脊髄《せきずい》、頸椎《けいつい》、背中の三カ所で癒着《ゆちゃく》が起こり、脊髄膜炎《せきずいまくえん》と診断されました」

さらなる不運に襲《おそ》われた。処置中、医師が打った注射が、新井の頸椎の神経を傷つけてしまったのである。脳出血《のうしゅっけつ》も併発《へいはつ》し、目が覚めたら左半身が動かなくなっていた。水を飲むだけで頭が割れるように痛み、手ぬぐいで顔を拭《ふ》くと針で刺されたように痛んだ。

「三カ月後、ベッドから起き上がると左右の足の長さも不揃《ふぞろ》いになっていました。医師からは『もう看護の仕事はあきらめざるをえない』と言われました」

「谷底に突き落とされた気持ちになり、どうすることもできなかった」という新井に、声をかけた女性の入院患者がいた。「その方が創価学会員だったんです。『この信心をすれば必ず幸せになれます。私と一緒にやりましょう』と言われ、私は治らなくて元々なんだから、と信心を始めました」。一九五七年(昭和三十二年)三月のことだった。

祈る時、まともに座れず足を投げ出していたが、気がついたらちゃんと座れるようになっていた。ひと月後、その様子を見た患者仲間の一人が入会した。

歩行器をつかみ、一メートル、二メートルと歩く長さをのばした。自分で自分を励ます創価学会の信心が、リハビリの支えになった。「担当医からは『看護婦のくせになぜ変な信心に入ったのか』と怒鳴《どな》られ、『信仰を続けるならすぐ退院しろ。入院していたいなら信仰をやめろ』と脅《おど》されました」。

新井は二カ月後に退院。両親も信心を始めた。松葉杖《まつばづえ》をついて折伏《しゃくぶく》に歩くと「あなたの足が治ったら学会に入ってあげてもいい」となじられ、頭から塩をかけられたこともあった。

入会から一〇〇日が過ぎたころには、松葉杖を使わず、父の肩を借りて座談会に歩いて行けるまでに回復した。辿《たど》り着いた座談会場で「きょう、初めて自分の足で歩いて参加できました」とそのままの喜びを語った。「やがて東京の田無の病院で働けるようになり、社会復帰できたんです」(新井麗子)。

◇

田無の病院で助産婦として勤めていたころ、池田と間近に接したこともあった。「夜勤明けで帰宅する前、信濃町の旧学会本部に立ち寄って題目をあげていると、突然、仏間に池田先生が来られました」。

池田は居合わせた十数人に「皆さんご苦労さま。一緒に勤行《ごんぎょう》しましょう」と声をかけ、ともに端座《たんざ》した。その時の池田の題目《だいもく》の勢いが忘れられないと新井は語る。「体のどこからあんな力強い声が出てくるのか。ものすごい生命力を感じました」。

結婚後も新井の身には試練が続いた。乗り越える原動力は、いつの時も題目だったという。

「看護婦から助産婦に勤めを変えて二年後でした。私自身が初めて産んだ子どもが、出産から四時間で亡くなりました。三一四〇グラムの男の子でした」

白木《しらき》の箱を抱きしめ、泣きながら退院した。医師からは二度とお産はできないと言われた。翌年、二人目の赤ちゃんを産んだ。二八七〇グラムの、今度も男の子だった。

「しかし重い黄疸《おうだん》でした。小水《しょうすい》も出ず、母乳も飲めず、四日目の夜に息をひきとりました」。

偶然、その病院の婦長が創価学会員だった。新井に「題目をあげましょう」と言ってくれ、亡きわが子に向けて、二時間ほど題目を送った。早すぎる一生を終えたわが子の顔は、見事な半眼半口《はんがんはんく》の穏やかな相《そう》に変わっていた。「たった四日間でも生きたから、『誠』という名前をつけてあげて、戸籍《こせき》に入れました」。

◇

二人目の赤ちゃんを亡くした後、夫が失踪《しっそう》した。その時、すでに新井は妊娠していた。三度目の出産である。周りからは反対されたが、どうしても産みたかった。予定日より一カ月半早かった。「男の子でした。二二二〇グラムで、やはり強い黄疸が出ましたが、幸い、四十六日目に退院できました」。

三十年ほど経《た》って、家を出た夫の消息がわかった。「息子が夫に会いに行き、夫も学会に入りました。息子にとっては顔も見たことのない父ですが、『この信心を教えてあげたい』という一心で語ったようです」。

若き日から信仰を支えにして、松葉杖を使わず歩けるようになった新井は、七十九歳まで助産師として現場に立ち続けた。取り上げた新生児の数は一万二六〇〇人を超える。

「私が取り上げた赤ちゃんに死産は一度もありませんでした。私と同じ思いを味わう患者さんが出ないように、という思いで働いてきました。言葉かけ一つで、お産の状態は変わります。生まれる瞬間まで、いつ不慮《ふりょ》の出来事が起きるかわかりません。常に生命力を満々とたたえて、その瞬間、最も効果的に動けるように智慧《ちえ》が出るかどうかが大切です。だからこそ私にとって、智慧を湧《わ》きたたせる唱題《しょうだい》が大切だったのです」

ある時、妊娠七カ月で破水《はすい》し、入院してきた女性がいた。五日後に陣痛が始まった。医師から、あらかじめ「生まれても小さいのであきらめてください」と告げられ、その女性は泣きながら出産に臨《のぞ》んだ。

新生児はわずか九六〇グラムだった。チアノーゼで全身が青く、手も足も動かない。「絶対に死なせてなるものか」。新井は心で祈りながら、新生児を保育器に入れ、同僚の看護婦とともに手当てを尽くした。「一時間後に手足が動き始め、泣き声も大きくなりました。一度はあきらめたその女性に『赤ちゃん、元気になりましたよ』と伝えることができました」。

三カ月後、その女性は赤ちゃんを抱いて新井のもとを訪ねている。「こんなに大きくなりました。新井さんと同じ『麗子』という名前をつけたんですよ」。若い母親は新井に「ありがとう」「ありがとう」と繰り返した。

「〝陰《かげ》の人〟にこれまで以上に光を当てるべきだ」

「私たちは、白樺会、白樺グループをはじめ、陰《かげ》で真剣に戦っておられる方々に、これまで以上に光を当てて、最大に宣揚《せんよう》すべきである」。こう語る池田自身が、創価学会を支える「陰の人」に誰よりも光を当ててきた。

新井麗子は、かつて助産の手ほどきを受けた肥田野かめのもとを訪ねたことがある。「恩人ですから、仏法の話を教えてあげようと思いました。そうしたら肥田野さんは

『私もあなたを折伏しようと思っていたのよ』と。二人とも別々の縁《えん》で学会に入っていたんです。ビックリするやら、うれしいやらでした」。

肥田野かめは一九〇二年（明治三十五年）、埼玉の所沢に生まれた。上京し、文京の小石川で産院を経営した。〈大正十二年の関東大震災の被害がなかった所ゆえに、人《じん》家《か》も人口も多く、本当に仕事も多く楽しい働きがいのある町でした〉〈ところが昭和二十年四月十三日夜から十四日にかけての空襲《くうしゅう》で、町内中焼け野原と変わりました〉（肥田野かめの手記）。

家を焼け出され、肥田野は埼玉に戻った。戦後、もう一度上京して産院を経営しようと試みたがうまくいかず、神経痛にも苦しんだ。「母の病と経済苦が、信心を始めた理由です」と娘の濱島ノリ子が語る。

「交通費を工面《くめん》するために質屋に行くと、その質屋のおじさんにまで仏法の話をするような母でした」。口癖《くちぐせ》のように「池田先生はあれだけ世界を回っていらして大変じゃないかしら。奥様やお子さんたちは大丈夫かしら。何か手伝えないかしら」と語っていた。ある会合の折、自宅の庭に咲いた梅の花を池田に届けたこともあった。

いつも温厚な肥田野が、別人のように怒ったことがある。六九年（同四十四年）から七〇年にかけて起こった「言論・出版問題」だった。

壇上で助産師の肥田野かめの涙と汗をおしぼりで拭き、激励する池田
（1970年11月、東京・千代田区）©Seikyo Shimbun

「母自身、ありもしないデマを浴びることもあったようです。『先生をいじめることだけは許さない』『正義を証明する』と、心の底から怒っていました」（濱島ノリ子）

七〇年の十一月。日本武道館で本部幹部会が行われた。この年、最悪の社会的逆風に見舞われた渦中《かちゅう》にもかかわらず、創価学会は「七五〇万世帯」の弘教を成し遂げている。

スピーチの途中、池田は館内の参加者を見渡して「あ、そこのおばあちゃん。この壇上にいらっしゃい」と声をかけた。

濱島ノリ子はこの日、高等部（高校生のグループ）の担当者として武道館の後方に座っていた。「どこのおばあちゃんだろう、と思いました」。その「おばあちゃん」が自分の母親だとわかった時、椅子から跳《と》び上がるほど驚いた。

着物姿の肥田野かめは、周りから「あなたのことですよ」と促《うなが》されるまま壇上に上がり、池田のすぐ隣《となり》で緊張のあまり棒立《ぼうだ》ちになっている。〈一度も壇上などに上がったことのない私は、どうする事も出来ず……汗ばかり出まして言葉になりませんでした〉(肥田野かめの手記)。

「よく、おいでくださいました」。池田は演壇に置いてあった、まだ使っていないおしぼりで肥田野の涙と汗を拭《ふ》き、水の入ったコップを手渡し、肥田野の緊張をほぐした。万を超える参加者が、壇上の光景に相好《そうごう》を崩《くず》し、拍手を送った。「まるで、言論問題で心を痛め、怒っていた日ごろの母の思いを見抜かれたかのようでした」とノリ子は振り返る。

さらに池田は肥田野に記念品を渡し、自分の隣に座らせ、そのままスピーチを続けた。時折、横を向いて肥田野に声をかけ、いたわりながら、二十一世紀を目指す創価学会の展望を一時間半にわたって語り続けた。

◇

この「壇上の出会い」の時、すでに四十年以上働いて「とりあげた赤ちゃんは数えきれない」という肥田野は、その後、七十七歳まで助産婦として働き続けた。

娘のノリ子は母とともに学会活動に励んだ。女子部の時代、池田との懇談会の場で聞いた「私が強いのは、皆を思う心があるからです」という池田の一言が忘れられないと語る。「その場で生命観についても話され、『師弟の縁は三世《さんぜ》にわたって続く。最も深い関係だよ』と教わりました」。

日本武道館の壇上で池田から「長生きしてくださいね」と励まされた肥田野かめは、九十一年の生涯を生き抜いた。二〇一二年（平成二十四年）に完成した所沢平和会館の入り口には、池田の提案で、幹部でもなく、社会的な立場があるわけでもなく、無名の一信仰者として生涯を終えた肥田野を讃《たた》える「肥田野桜」が植わっている。

「私の心は血の涙に濡《ぬ》れた」

「池田先生が会長を辞任される前年、立川文化会館での一瞬の出会いが私の原点です」と語る白樺会のメンバーがいる。

冬の日だった。一九七八年（昭和五十三年）二月、信越方面の男子部が、東京の立川文化会館に集《つど》った（単行本『民衆こそ王者』第二巻に詳述）。この日、池田は信越男

子部の代表に、

平地《へいち》順風《じゅんぷう》なれども
山頂は常に嵐なり

と認《したた》めた色紙を贈っている。この「山頂は常に嵐なり」の一言は、池田自身を取り巻く状況そのものだった。

「私はあの日、信越の方々が到着するロビーで整理、誘導する役員でした。参加者が会場に入りきった後、不意《ふい》に先生がロビーに来られました」

緊張しながら、彼女は「都立病院で看護婦をしています」と伝えた。「じつは、あの時、もう仕事を辞《や》めたいと思っていたんです」と振り返る。

看護婦として働き始めて二年目だった。人のために役立ちたいと思い、看護の道に進んだが、患者が亡くなる現場を次々と目にして、無力感に苛《さいな》まれた。「どれだけ努力しても、手の指の間からポロポロと命がこぼれていく」ように感じていた。

池田は「そうか」と言った。そして彼女を見つめ、しばらく間を置いた後、「看護婦という職業は、大変だけど、大切な仕事だから、辞めてはいけないよ」と励まし、信越の男子部が待つ会場へ向かった。

「心底、驚きました。私は辞めようかと思っていましたが、『辞めたい』とは一言も言っていないんです。あの時、『看護婦として、先生との誓いを果たそう』と心に決めました」。彼女は今、千葉県内の総合病院で看護師長として奮闘している。

この七八年（同五十三年）の六月、函館研修道場に「白樺の碑」が起工《きこう》されたことには前章で触れ《ふ》た。「起工式のひと月余り後、信濃町で白樺グループの会合があったのですが、先生から連絡があり、皆で当時の創価婦人会館に集まりました」（柳澤ハシヱ）。

そこには池田と妻の香峯子が待っていた。この日、池田は三〇〇人ほどの白樺グループとともに勤行し、「皆さんには、いつも救護でお世話になっているので、いつか直接御礼を申し上げたかった」と語っている。そして懇談の後、「今日は私が皆さんを見送ります」と言い、参加者全員が会館を後にするまで、香峯子と二人で見送った。

◇

翌七九年（同五十四年）四月二十四日、池田は第三代会長の辞任を発表する。

〈背後には、悪辣《あくらつ》なる宗門（＝日蓮正宗《にちれんしょうしゅう》）の権力があり、その宗門と結託《けったく》した反逆の退転者たちの、ありとあらゆる学会攻撃があった。なかんずく、私を破壊させよう

とした、言語に絶する謀略《ぼうりゃく》と弾圧であった〉
〈私の心中では、ただ一身に泥《どろ》をかぶり、会長を辞める気持ちで固まっていった〉(『池田大作全集』第一二九巻)

池田が自ら〈畜生《ちくしょう》のごとき坊主らの暴圧《ぼうあつ》による、わが友たちの苦悩を、悲鳴を、激怒の声を聞くたびに、私の心は血の涙に濡《ぬ》れた。心痛《しんつう》に、夜も眠れなかった〉(同)と綴《つづ》るほどの過酷《かこく》な日々だった。

花岡徳子は、池田の会長辞任を知った時のショックを「時が止まったように感じた」と語る。「しばらくして、『今の状況はおかしい』と気づきました」。

その年の夏、白樺グループの有志で、大石寺《たいせきじ》の行事に集まる人々の救護を担当した。「あの日は暑さで調子を崩《くず》す法華講員が多く、私たちは先生と学会に対する冷たい視線を感じながら、必死で看護にあたっていました。宗門の発展のために先生と学会がどれだけ誠意を尽くしても、宗門の中には、僧俗《そうぞく》差別(出家と在家との間の差別)にとらわれ、醜《みにく》い姿をさらす人々がいたのです。先生はよく『私が傘《かさ》になって皆を守っているんだよ』とおっしゃいます。そのとおりだと痛感した一日でした」

会長辞任は、池田にとって闘いの「終わり」ではなく、新しい闘いの「始まり」になった。

会長辞任からひと月後の懇談会

〈私自身、第三代会長を辞任した際、学会本部に私の指揮を執るべき席はなく、小さな管理者室で執務《しつむ》を続けたこともあった〉（二〇〇八年六月二十三日付「聖教新聞」）

そのとき池田を誰よりも支えたのは、池田が常々「わが家の看護婦です」と語ってきた、妻の香峯子だった。

〈この嵐の渦中にも、私の妻は、明るい笑顔で、「これからは、今までお会いできなかった同志の皆さんのお宅に行けますね。海外の皆さんともお会いできますね」と言って支えてくれた〉

〈「あなたが戸田先生に命を捧《ささ》げて、学会をここまで大きくしたことは、だれよりも、私が存じ上げています。御本尊様が、すべて見通しておられます」と語ったこともあった〉（同）

池田は東京の立川文化会館や巣鴨の東京戸田記念講堂、神奈川文化会館などを拠点にして、それまでなかなか会えなかった同志と会い、励ましの手を打ち続けた（立川文化会館と神奈川文化会館については単行本『民衆こそ王者』第二巻に詳述。東京戸田記念講堂については「潮」二〇一七年七月号に詳述)。

白樺グループの代表との懇談も、神奈川文化会館で行われた(一九七九年五月二十二日)。「華冠《かかん》グループ」(美容関係の仕事に携わる女子部の集まり)の代表も、一緒に集った。その場に参加した人々の証言からは、師弟の関係を断《た》ち切ろうとする時流《じりゅう》を見破り、決して流されなかった弟子たちの姿が浮かび上がる。

◇

この日参加した小島明子は、池田の会長辞任をテレビ報道で知った。「神奈川文化会館での懇談会は、あの絶対に忘れることのできない会長辞任からひと月後でした。玄関前で先生が大きく手を広げて迎えてくださいました」。

池田にとって、日蓮の仏法を世界に広め、「宗教のための人間」ではない、「人間のための宗教」の時代を切り開く途上《とじょう》である。どのような迫害にも動ずることはなかった。

染谷美貴恵は当時、都内の病院に勤めていた。「あの日は夜勤明けで駆けつけました。お元気な先生にお会いしたいと祈っていました」。

染谷は姉の古川敦恵に勧《すす》められ、看護婦を目指した。「貧しい実家でした。わが家だけでなく、明日食べるお米もないような学会員の人たちが、他人の幸せのために歩

神奈川文化会館の玄関前で白樺グループの友を歓迎する（1979年5月）
©Seikyo Shimbun

く姿を見て、子ども心に感動したことを覚えています」。高校時代、女子部の先輩から聞いた「青春時代とは『悩み』の異名《いみょう》だ」「この信心に一切の無駄《むだ》はない」という池田の言葉をきっかけにして、信仰を深めていった。

神奈川文化会館に近づくと、まず妻の香峯子の姿が見えた。すぐ池田の姿も見えた。小走りに駆け寄った染谷たちに池田は「久しぶりだね」「一緒に写真を撮《と》ろう」と声をかけた。「私は握手した後、『先生、お元気ですか』と尋《たず》ねました。ずっと気になっていたことでした」。池田は「私は元気だよ。みんなもしっかり祈るんだよ」と答えた。

「なくてはならない人」に

吉岡眞理子は小学五年生の時、父を破傷風《はしょうふう》で亡くした。「母は、私たち子ども五人と祖父母を抱え、必死に働きました。その姿を見て、きっと手に職《しょく》を持って、社会に役立つ仕事をしようと心に決め、看護婦を志《こころざ》しました」。

職場からの派遣でタイに赴《おもむ》き、カンボジア難民の看護に三カ月間携《たずさ》わった経験もある。

「昭和五十一年の秋でした。深夜勤務が朝の八時半に終わった後、聖教新聞本社の出版センターに行って本棚を眺《なが》めていたら、先生が入ってこられたんです。ビックリしました。その場には山形から来たという男子部の方も居合わせていて、先生は肩をたたいて励ましておられました」

吉岡は池田と握手した後、「白樺です」と伝えた。「病院はどこ?」と尋ねられ、東京医科歯科大学病院で働いていることを告げた。池田は吉岡に「そこで『なくてはならない人』です。また、そうなっていきなさい」と励ました。

「私は先生に、かつて弘教《ぐきょう》した友人がその後、仏法から遠ざかってしまい、そのこ

学会員を鼓舞するようにピアノを演奏する池田。傍らには妻の香峯子が寄り添う（1997 年 9 月、神奈川文化会館）©Seikyo Shimbun

とに心を痛めています、と伝えました」。じっくり話を聞いた池田は「折伏したこと自体が慈悲なんだよ」と答えた。さらに「もっと堂々と、毅然《きぜん》としなさい」「そうなれるよう祈るんだよ」と力強く諭《さと》し、帰り際には「白樺のみんなによろしくね。また会おうね」と約束した。

この約束が三年後、神奈川で実現した。「懇談の場で先生から『毎年毎年、幸せな姿を見せてください』と言われたことが忘れられません」(吉岡眞理子)。

創価学会に対する理不尽《りふじん》な攻撃の真《ま》っ只中《ただなか》で行われた、神奈川文化会館での懇談会。白樺グループの人々は、「先生がピアノを弾《ひ》いてくださったことを覚えている」と振り返る。

当時、宗門からの圧力によって、創価学会の中では「師弟」を口にすることすらできず、池田の行動も、指導も、聖教新聞でほとんど報道されないという異常な状態を強《し》いられていた。白樺、華冠両グループとの懇談の場で池田は、せめてもの励ましになればと、「荒城《こうじょう》の月」や「厚田村《あつたむら》」「熱原《あつはら》の三烈士《さんれつし》」などを弾《ひ》き、「無言の励まし」を贈ったのである。

浜田寿美は「先生から、亡き母の名前を書いた色紙をいただいたこともあります」と振り返る。それは親を亡くしたメンバーへの激励だった。

「母は、私が小学六年生の時に命を落としました。私は学生時代に学会に入ったので、叶《かな》わぬことなのですが、母に信心を教えてあげられなかったことをずっと気にしていました。でもあの日以来、心が軽くなりました。先生はこういう思いの人にまで、なんとかして励ましたいと、手を伸ばしてくださる人なのだと思います」

「灯台の光」を求めて

林真理子も、この日、神奈川文化会館前の階段を上がったところで池田に出迎えられた一人である。

「看護婦になったのは、小学生の時にナイチンゲールの伝記を読んだのがきっかけです」

父の與太良《よたろう》は樺太《からふと》（現・サハリン）で建設会社を営《いとな》んでいたが、敗戦後、秋田の雄《お》物川町《ものがわ》（現・横手市）に戻った。家計が苦しいなか、仕事先でたまたま創価学会の雑誌である「大白蓮華《だいびやくれんげ》」を読み、入会した。一九五九年（昭和三十四年）のことだった。

中学を卒業し、十五歳で上京した林は、都内の病院で働きながら准《じゆん》看護学校、定時制高校で学んだ。三十歳から茨城の看護学校の教壇に立った。「折に触れて、先生が白樺グループに語ってくださる看護の精神や、ナイチンゲールの言葉などを学生に紹介してきました」。

――ナイチンゲールは、人間の生命力を信じきっていた。そこに彼女の秘密があった。だから彼女がこう言ったとき、その言葉に彼女の全人生が込められていたのである。

「『あきらめる』という言葉は、私の辞書にはありません」

希望！　看護師さんの、動き続ける手に、指に、希望という大きな大きな宝石が輝いている――

――絶望という暗い穴が心にできると、その穴の中に、人間の生命力は、どんどん吸い込まれて消えてしまう。だから、病気の人を、逆境にある人を、放っておいてはいけない。忘れてはいけない。

「私は、あなたが元気になるのを、心から願っています」という思いを、たゆまず、静かに、伝え続けなければならない。

何もしないのは、「あなたのことなど、どうでもいい」というメッセージを送ることになるからだ――

「こうした池田先生の文章を読んだある学生から、『自分は看護師に向いていないと思うようになっていました。でもこの言葉を読んで、看護師をやめることをやめました。いい言葉なので母にも読ませました』と言われたこともあります」

神奈川文化会館の玄関先で「よく来たね」と出迎えた池田に、「白樺です」と答えた林は、池田と香峯子が次々と握手し、記念撮影を準備し、会員を励まし続ける姿に間近で接し続けた。「会長辞任の直後でしたが、私たちを温かく包んでくださいました。あのとき私は咄嗟《とっさ》に、小説『人間革命』で描かれている、戸田先生が『君の師匠は、ぼくだよ』と語る場面を思い出しました」。

林の脳裏《のうり》に浮かんだ『人間革命』の一場面――それは五〇年（同二十五年）、戸田城聖に対して山本伸一（＝小説中の池田の名前）が質問を投げかけるくだりである（第四巻「怒濤」の章）。

初代会長の牧口常三郎《つねさぶろう》は獄死《ごくし》。弟子の戸田城聖は出獄後、理事長として創価学会の再建に全力を尽くしていた。しかし、自身の事業難に直面し、理事長を辞任せざるをえなくなる。

〈彼（＝山本伸一）には、戸田城聖のいない学会を考えることはできなかった。まさしく、学会は戸田の生命であり、戸田は学会それ自体であったのだ〉

理事長を辞任した直後の戸田に、山本伸一は問いかけた。私の師匠は戸田先生ではなくなるのか、と。

〈「いや、それは違う！　苦労ばかりかけてしまう師匠だが、君の師匠は、ぼくだよ」

戸田からは、明確な言葉がはね返ってきた。この一言を、伸一は、全生命で知りたかったし、答えてもらいたかったのである〉（同）

山本伸一は「先生と自分との師弟の一線《いっせん》が狂《くる》わないならば、何が起きようと、かまったことではない」と納得し、難局に立ち向かっていく。

「君の師匠は、ぼくだよ」という戸田の一言は、山本伸一にとって暗い海に浮かぶ「灯台《とうだい》の光」となった。

「先生が会長を辞めても、俺は先生についていくよ」

米田鈴子は勤務先の慶應義塾大学病院から帰宅した時、女子部の先輩からかかってきた電話で池田の会長辞任を知った。

「急いで熊本の父に電話しました。その時、父から電話越しに聞いた言葉が忘れられません。父は『池田先生が会長を辞められても、たとえみんないなくなっても、俺は先生についていくよ』と即答したのです」

米田の父、川口透は一九六五年（昭和四十年）、水俣支部が結成された時の初代支部長である。入会前、レンガ作りの工場を経営していたが、従業員に資金を持ち逃げされて借金がかさみ、妻と娘の病弱にも悩んだ。五六年（同三十一年）、四十二歳の時に創価学会と巡りあった。

「ある時、父が池田先生に直接激励されて帰ってきた時、これからは『創価学会の川口』として頑張《がんば》るからな、とうれしそうに語っていました。実際、水俣駅からタクシーに乗って、行き先が父の家だとわかると、運転手さんから『あ、創価学会の川口さんね』と言われるほどになりました」

九二年（平成四年）、米田は父の臨終を自宅で看取《みと》った。一週間ほど、親子で最期の日々を過ごせた。子どもたちから「今世《こんぜ》はいろいろあってご苦労さまでしたね。ところで来世《らいせ》は何になって生まれてくるつもりなの？」と聞かれ、川口は「広宣流布の大将たい」と答えている。「『でも、広宣流布の大将は池田先生でしょう？』と尋ねると、『そうだ、広宣流布の大将は池田先生だから、先生のすぐそばの参謀《さんぼう》でいい』と。皆で大笑いしました」。

米田は結婚を機に、千葉の看護学校の教員になり、二十八年間、看護師の育成にあたった。二〇一二年（同二十四年）に退官し、翌年からあらためて大学院に入り、教育学を学んでいる。「看護学校では技術を教えますが、『死』をめぐる思想まではなかなか教えられません。創大の看護学部からどんな学生が育つのかが楽しみです」。

◇

日本の各地で、また国境を超えて、『人間革命』に描かれた山本伸一のように「灯台の光」を求め、弟子の道を歩み通した人々がいた。

会長辞任を強《し》いられた池田による「反転攻勢《はんてんこうせい》」の足跡《そくせき》は、そうした弟子たちの心に応じるかのように、各地に刻まれていく。

次章は、関西や東北で池田の励ましに触《ふ》れた人々など、「白樺」の物語をさらに追う。

第七章

献身《けんしん》の日々——関西・東北

「これからお世話になるね。よろしく！」。落成《らくせい》間もない関西文化会館（大阪・天王寺区）の救護《きゅうご》室に池田大作の声が響《ひび》いたのは、一九八〇年（昭和五十五年）五月三日のことである。約一週間、落成記念の行事が続く。地上五階、地下一階建ての同会館は多くの創価学会員で賑《にぎ》わっていた。「白樺《しらかば》グループ」（看護に従事する女子部員の集い）として運営に携《たずさ》わった人々は「先生が来られるたびに、励まされることの連続だった」と振り返る。

「人の命を預かる大切な仕事だ」

池田は第三代会長を辞任した後、初の海外訪問となった第五次訪中から、長崎、福岡を経て、五月二日に大阪入りした。当時は「第一次宗門事件」の渦中《かちゅう》にあり、宗門（＝日蓮正宗）の圧力によって池田の国内での行動は聖教新聞でもほとんど報道されなかった。

関西白樺会の結成記念勤行会で励ます（1986年5月、大阪・天王寺区）
©Seikyo Shimbun

九州、関西、中部と駆け抜けた約二週間、着実に、休みなく、直接会い続けた同志の数は優《ゆう》に十万人を超える。彼らの笑顔が「反転攻勢《はんてんこうせい》」の旗印《はたじるし》になった（単行本『民衆こそ王者』第一巻で詳述）。

すべての行事の無事故を陰《かげ》で支える救護役員にも、むしろ陰の存在であるからこそ、池田は丁寧《ていねい》に光をあて続けた。

◇

「あの日は『かすみ草』が気になっていました」と西岡峰子は述懐《じゅっかい》する。皆が念願してきた池田の来阪《らいはん》である。救護室を彩《いろど》るために白樺グループでかすみ草を用意したが、会館の引っ越しや相次ぐ行事で物品の移動が激しく、いいサイズの花瓶《かびん》がどうしても見当たらない。シンプルなデザインの大きなグラスに生けた。

救護室を訪れた池田が、かすみ草に気づいた。「きれいだなあ」と言われ、白樺グループの面々は驚いた。「この花を生けてくださった方の心がわかる。きれいだ」「落ち着くね。ここなら仕事も捗《はかど》るだろうね」。

さりげない一言が今も耳朶《じだ》に残っていると語る西岡。前年に結婚しており、本部職員を退職する旨《むね》を伝えると、池田は「何があっても負けちゃいけないよ」と励ました。「『白樺』の人はえらいね」。救護スタッフにも池田は気さくに声をかけ、懇談を重ねた。「あの壁には絵を飾《かざ》ったほうがいいね」。救護室を訪れた人がより落ち着けるようにアドバイスすることもあった。「学校は?」と尋ねられた亀田陸子は、大阪逓信《ていしん》病院(当時)附属の看護学校を卒業し、同院で働いていると告げた。「ベテランだね。人の命を預かる大切な仕事だ」。

亀田には十七歳年上の兄がいた。「小児まひで、やがて糖尿病《とうにょうびょう》から失明し、私が高校二年の時に亡くなりました。兄の存在は父が創価学会に入るきっかけになったんです」。父の春治は戦争中、神戸の家を空襲《くうしゅう》で失い、実家のある岡山に帰ってきた。先妻を亡くし、再婚したヒサエとの間に陸子が生まれた。

「最初は父が学会に入りましたが、私が中学生の頃、女子高等部の先輩が、遠く離れたわが家までバスを乗り継いで来られました。親身《しんみ》に相談に乗ってくれて、それから私も勤行を始めました」。亀田は夏季講習会や高等部総会で池田の指導に触れ、信仰を深めていく。「大学に行って、人のためになる仕事をしたい」と思い、自立できる看護婦の道を選んだ。

「せっかく来てくれた方々だ。私が全員に会うんだ」

池田が第五次訪中から帰国し、休みなく動いた期間、臨時の会合を含め、関西で七万人から八万人、中部で五万人から六万人が集《つど》った。「予定外の記念撮影」の数は、記録されているだけでじつに三〇〇〇回を数える。会館の中でも外でも、同志がいれば、そこに語らいの輪が生まれた。

「どんな人でも、何百人と握手し続ければ手が腫《は》れてきます。声をかけ続ければ、のども痛めます。直前に訪問された中国では、乾燥した場所も多かったそうです」(亀田陸子)

小休止のため救護室を訪れた際、池田は同行のスタッフを促《うなが》し、真っ白な色紙を用意してもらい、次々と筆を走らせた。

「伝え聞いていた『一分一秒も無駄《むだ》にしない』とはこういうことか、と痛感しました」。池田の激励の様子を目《ま》の当たりにした亀田陸子はその驚きを語る。「何百人と会って激励された直後です。のどの痛みを和《やわ》らげるために蒸気《じょうき》を吸入しながら、その場で仕事を始められるのです」。「この色紙はあの人へ」「あの人にも」と筆を止めることがなく、「さあ行こう！」と外に飛び出す。その繰り返しだった。「休憩のために来られたのか激励するために来られたのか、わからないほどでした」（亀田陸子）。

「せっかく来てくれた方々だ。私が全員に会うんだ」と心に決めて臨《のぞ》んだ池田の激しい動きを、運営スタッフや白樺グループは随所《ずいしょ》で垣間見《かいまみ》ている。

「おかげでずいぶん楽になりました。だけどまた張り切ったから結局、元に戻ってしまったよ」。池田はそう言って笑いながら、のど飴《あめ》を用意してくれた白樺グループに礼を言った。小休止の合間には「脳貧血《のうひんけつ》の場合、頭は上にするのか下にするのか」「心筋梗塞《しんきんこうそく》の時の対処《たいしょ》は」「頭のよくなる薬はあるのか」等々、質問を重ねた。

「声がきれいに出る薬はあるか」と問われて、亀田は咄嗟《とっさ》に「トローチとか、気管支《きかんし》拡張剤《かくちょうざい》とかありますけれども、根本の響きを変える最高の薬は題目だと思います」と答えた。

「今のはいい答えだね。やっぱり題目か」。池田は笑ってうなずいた。

「今日からは違うよ」

「ただいま！」と言って池田が関西文化会館を訪れたのは、翌一九八一年（昭和五十六年）の三月十二日である。アメリカ、パナマ、メキシコでの約一カ月にわたる諸行事を経て、その足で関西に直行した。この時も京阪地域や尼崎、創価女子学園（当時）などで行事が目白押しだった。

十九日には関西文化会館で聖教新聞創刊三十周年の祝賀会が行われた。約一〇〇〇人の来賓《らいひん》を池田が自ら出迎え、記念行事の陣頭指揮《じんとうしき》をとった。池田は行事を支える役員たちに声をかけて回り、救護室にも立ち寄った。宮本美智子が父親のことについて質問したのは、この日である。

「思いがけない機会でした」。宮本はその場に居合わせたメンバーのうち最年少だった。「看護婦として働き始めてまだ三年目の二十四歳でした」。出身地を聞かれ、「大分です」と答えた。「大分か」。池田は「大分はいいところだよ。もう長い間、行ってあげてないな」と言った。「第一次宗門事件」の渦中、大分は「衣《ころも》の権威《けんい》」を振りかざす僧らの横暴によって、甚大《じんだい》な被害を被《こうむ》っていた。池田は「かわいそうだ」と静かに繰り返した。この年の暮れ、十三年半ぶりに大分を訪れている（第三章に詳述）。「さらに『ご両親は元気？』と尋ねられ、思わず悩みを打ち明けました」。宮本は大阪の看護学校時代に信心を始めた。実家に帰るたび、両親に仏法の話をしていた。「家族で信心しているのは私一人です。両親が理解してくれません」。とくに父が批判的だと告げる宮本に、池田は「お父さんが信心していなくてもいいんだよ。信心の話をしなくていいよ」と諭《さと》した。「いい娘になるんだ。両親にとっていい娘に成長していけばいいんだ。それでわかってくれるから」。

嚙《か》んで含めるように池田は続けた。「家族の中で一人、信心を始めた人は、深い信仰ができるよ。私がそうだったから。お父さんやお姉さんがなんと言ってもやり抜きなさい。絶対に退転だけはしてはいけないよ。君は、やればすごい力が出る子だ。今まで頑張《がんば》ろうと思ったり、やっぱりだめだと思ったり、信心にいろんな波があった。だけども、それは今日までだよ。今日からは違うよ」。

池田は「今日はもう、来賓四〇〇人に会ってきたよ」と言い、さあ行こう、と部屋を後にした。

◇

宮本はその日の夜、大分に住む両親に電話し、池田から「親にとっていい娘になりなさい」「信心の話をする必要はない」と言われたことを伝えた。「その日から、両親の学会に対する見方が変わり始めました」。

六年後、大阪の日赤病院で働いていた宮本は、卵巣《らんそう》がんで入院することになる。「子宮と卵巣の両方をとることになり、祈り抜いて手術に臨《のぞ》みました。術後、医師が首をかしげているので、ああ、失敗したかと思ったのですが……」。

信じられない一言を医師から聞いた。「がんが見つからない」という。執刀《しっとう》した医師は困り顔で「エコーにもCTスキャンにも映《うつ》っているのに、おなかを切ったらどこにも見当たらないんです」と告げた。

想像もしていない結果にいちばん喜んだのは宮本の母、良子だった。手術前、真剣に祈る宮本の様子を見守っていた良子は「あなたの分まで祈ってあげるから」と言い、初めて題目を唱えた。「私の手術をきっかけに、母は入会しました。母が亡くなる前には、あれだけ反対していた父も一緒に題目をあげるようになってくれました」。

生命守りし尊き貴女《あなた》よ

「『この人生、絶対負けへん』と心に刻んだのは、高校生の時に参加した関西青年平和文化祭（一九八二年）でした」。そう語る緒方由美子も、父親との確執《かくしつ》を乗り越えた「白樺」の一人である。現在は五〇〇床《しょう》を擁《よう》する総合病院で、混合病棟《こんごうびょうとう》（神経内科と形成外科）の看護師長を務めている。

「一家で最初に学会に入ったのは父でしたが、まったく信心しておらず、母や私たち娘が伯母《おば》に折伏され、一緒に信心を始めました」。結婚後、父は手がけた事業が失敗し、億を超える借金を抱えていた。

「地元の学会員さんが『今こそ信心根本で立ち向かおう』と足を運んでくれたのですが、父は酒に逃げ、アルコール依存症《いそんしょう》になり、家庭内暴力が増え、私たちは息を潜《ひそ》めて暮らす毎日が始まりました。文化祭に参加したのは一番悩んでいた時でした」

緒方は高校の授業が終わると、毎日のように練習会場の大阪城公園に通った。長居《ながい》陸上競技場に池田を迎えて行われたこの文化祭は、男子部が成し遂げた「六段円塔《ろくだんえんとう》」で知られる。創価学会にとって画期的な行事となった。

当日、会場を埋《う》めた数万の参加者を前に、池田は「いかなる中傷《ちゅうしょう》・批判があったとしても、そういうことは乗り越えて、最も重大な平和への大河《たいが》の一滴として、私どもは前進していかねばならない。どうか諸君、あとはよろしくお願いいたします」と訴えた。緒方は「泣いたら見えなくなると思っても、うれしくて涙が止まらなかった」と振り返る。「家から逃げ出したい」という思いと、「母をこのままにしておくことはできない」という思いの、両方を抱えたまま当日を迎えた。「あの日の感動は今も続いています。私の原点です」。

◇

緒方由美子は母から「手に職をつけないと苦労するよ」と何度も言われ、悩んだ末に看護婦の道を選んだ。「高槻の看護学校を卒業できたのも、経済苦に負けずにこられたのも、池田先生と学会員の皆さんの励ましのおかげです」。

看護婦になった後も父に悩まされ続けた。緒方はどうしても「父の幸福を祈る」ことができなかった。ある日、関西文化会館別館の相談室に行き「父のことが憎《にく》くてしかたない」と思いのたけをぶつけた。「お父さんのことは祈らんでよろしい」と言われ、緒方は目を丸くした。「担当幹部から『お父さんのことを祈れる自分に変えさせてください、と、自分のことを祈るんですよ』と教えられ、目から鱗《うろこ》が落ちました」。

祈り方が変わると、それまで目も合わせたくなかった父と「普通の会話」ができるようになった。「少しずつですが家族の距離が縮《ちぢ》まり、治療のために入院させることができ、父自身も題目を唱え始め、私が結婚する前年、とうとう父は二十年越しでアルコール依存症を克服しました」。緒方は〈妙《みょう》とは蘇生《そせい》の義《ぎ》なり〉（御書九四七ジペー）という日蓮の言葉を肌身で感じたという。

二〇〇六年（平成十八年）、緒方のもとに池田から一首の和歌が届いた。〈看護師の凛々《りり》しき白衣の白樺会 生命守りし 尊き貴女《あなた》よ〉――緒方が病棟の看護師長に昇格したのは、この和歌が届いた翌年だった。「院内で『スタッフの離職《りしょく》が一番多い病棟』といわれていました。つらい状況でしたが、必死で祈りながら取り組みました」。

一年かけて改善し、以後、新人看護師の離職はゼロになった。「スタッフの育つ職場風土が最も整《ととの》った病棟」として評価されるようになり、一三年（同二十五年）、院内で表彰された。「私が信頼を置いてもらえる存在になったとすれば、根本にあったのは祈りです」と語る緒方。「父がいなければ、私はここまで強くなることはできませんでした。父に感謝しています」。

「私も、白樺会の一員になったつもりで戦います」

〈私も、人々を救っていくという意味で、白樺会の一員になったつもりで、一日一日を戦ってまいります〉――「白樺会」（＝看護に従事する婦人部員の集い）にかつて池田が贈ったメッセージである。白樺会は一九八六年（昭和六十一年）の三月に東京で、五月には関西で結成された。両方とも、門出《かどで》の集いに池田が出席した。

「関西の結成式で司会をしたのは大切な原点です」と語るのは、梅花女子大学教授の緒方巧である。「当時は看護婦として大阪府立病院の手術室で働いており、全身やけどの人や包丁《ほうちょう》が刺さったままの人、ときにはヤクザの抗争《こうそう》で撃たれた人などが運ばれてきて、二十四時間以上起きていることもざらにある職場でした。あの日は大変緊張していましたが、──どこであれ、いま自分のいる場所こそ広宣流布の労作業《ろうさぎょう》の『現場』である──という先生の一言はハッキリ覚えています」。

緒方が十歳の時、父の實男は大腿動脈《だいたいどうみゃく》の塞栓《そくせん》が悪化して亡くなった。「ある看護婦さんが、緊急手術を受ける父のために、自らの血液を献血してくださり、父は臨終《りんじゅう》の寸前《すんぜん》までそのことを感謝していました。『人の役に立つ仕事を』という父の遺言《ゆいごん》が、看護婦を目指したきっかけです」。

南大阪の女子部の本部長や圏女子部長として活動しながら、病院勤務を経て、結婚後は大阪医科大学附属看護専門学校（当時）の看護教員になった。

ある年の卒業式の翌日、教壇《きょうだん》に花束が置かれていた。一人の学生からだった。添《そ》えられたメモには「緒方先生は話せる人でした。これからも、看護に対する自分の思いを学生たちに語ってほしいと思います」と書いてあった。最終学歴が看護学校卒だった緒方は、学生との触れ合いを重ねるなか、大学への進学を志す。「夫と二人の子どもたちも、理解し、協力してくれました」。創価大学の通信教育部を経《へ》て、武庫川女子大学で修士号を取得。大阪大学の博士課程後期に進み、月刊誌『看護教育』で協同学習法を取り入れた授業展開について連載した。

池田から思いがけない励ましの和歌が届いたこともある。その脇書《わきがき》には〈二十年前の会合 忘れまじ 益々《ますます》歓喜と健康の 御一家であられることを祈りつつ〉と綴《つづ》られていた。「私は忘れない」という池田のメッセージが、つらい時の支えになった。「看護の現場は厳しい生死の現場ですから、誰でも多かれ少なかれ辞めたいと思う時があると思います。そんな時、私たちは池田先生の温かい励ましと、白樺会の仲間との連帯で乗り越えてくることができました。先生が白樺会を結成してくださった意義は計り知れません」。

◇

「味噌汁《みそしる》とコーヒーは熱いほうがいいんだよ」。九〇年（平成二年）六月、関西文化会館の一角に笑いが広がった。「それが夫婦円満の秘訣《ひけつ》だよ」。池田が話す横で、妻の香峯子が微笑《ほほえ》んでいる。関西のドクター部、白樺グループの代表との懇談である。清水厚子は「なごやかな雰囲気のなかで先生は健康についての指針を話され、一つずつ

創価学会新館の鶴山会館で行われた婦人部・白樺会の結成式。初代委員長の稲光禮子と握手を交わす（1986年3月、東京・信濃町）©Seikyo Shimbun

私たちに確かめられました」と振り返る。三カ月後、池田はこのときの懇談をもとに、健康に生き抜くためのモットーを提案している（一九九〇年九月、熊本）。

一「張りのある勤行」
二「無理と無駄のない生活」
三「献身《けんしん》の行動」
四「教養のある食生活」

の四点である（『池田大作全集』第七五巻）。

関西文化会館での懇談会に同席していた椎場公子。「懇談の場で先生は、現場の学会員さんを心配され、『無理と無駄のない生活が大事なんだ。みんな、大事な時に寝《ね》ないんだよ。健康が大事なんだ』とも語られました」「『信心さえしていれば病気は治る』と思いたがる人もいます。池田先生は、それは間違いだということを、聖教新聞などを通して何度も訴えてこられました」。

病《やまい》と闘う学会員を励まし、心を砕《くだ》く池田の姿に椎場は何度も接してきた。「平成五年のことです。関西の会館管理者に吉村賢治さんという方がおられました。定期検診で血糖値《けっとうち》がとても高く、危険な状態でしたが、私たちが何度病院に行くことを勧《すす》めても、頑《がん》として断り続けられました」。

吉村賢治は妻の弘子とともに、西成会館をはじめ東住吉、西淀川などの会館管理者として長年勤めてきた。二人が関西国際友好会館（現・東成文化会館）で管理者をしていた時のことである。「ラジオ体操をしよう」。同会館を訪れた池田が吉村に声をかけた。体操が終わると「散歩しよう」。並んで会館の庭を歩いた。「地元の人と仲良くしているかい？」「体は大丈夫？」。池田は関西に滞在中、折あるごとに吉村に声をかけ、少しずつ体調を聞いていった。

そうしたやりとりがあったことを、椎場は後から伝え聞いた。「驚きました。患者さんの病状は守秘義務《しゅひぎむ》ですから誰にも伝えません。もちろん先生もご存じではありません。医師と看護師仲間で『なんとか吉村さんの心を変えないと』と悩んでいました。しかし、先生がなぜ気づかれたのかわかりませんが、吉村さんを見つけて、懇々《こんこん》と話してくださったのです」。

しばらくして吉村は、椎場の勤める関西文化会館別館の健保診療所を訪ね、「今、ちゃんと病院に通ってますねん。健康になろうと思って」と恥ずかしそうに報告した。吉村の妻、弘子は「先生は遠慮なく話せる雰囲気をつくってくださった」と回想《かいそう》する。「ラジオ体操をしながら『お酒は好きなの？』と聞かれたり、散歩しながら『君は飲んべえだな』『奥さんを大事にするんだよ』と言われたり、自然に夫から話を聞き出していただきました」。

ある時には、池田は会館の池を見ながら「池が深いほうが鯉《こい》もよく育つ。人間もそうだよ」と吉村に語った。「人生は価値創造だ。家でお酒を飲んで、テレビをつけているだけの浅い人生ではいけない。これが仏法の考え方だよ」。

会館にあった床几《しょうぎ》に妻の香峯子、吉村夫妻と四人で腰かけ、「奥さんの言うことを聞かないといけないよ」と諭《さと》すこともあった。「夫が食事に気をつけるようになり、体調が回復したのはそれからです。定年まで無事に勤めあげることができました」(吉村弘子)。

題目の唱え方

「九州で救護役員をした時にも『こうやって人を励ますのか』と痛感する場面がありました」と九州出身の椎場公子は語る。

橋本紀三が九州大学歯学部の教授になったのは一九七〇年（昭和四十五年）である。

「その翌年、創価学会に入りました。当時、病理学の研究に取り組むなかで、人の生命力は、単に病気の軽重だけで左右されるものではないと感じ、さまざまな医学書を読みあさっていました。そのころ知人から池田先生の『科学と宗教』や小説『人間革命』を借りて読んだことが、信心を始めたきっかけです」。

入会後、胎児《たいじ》性《せい》横《おう》紋《もん》筋《きん》肉腫《にくしゅ》の五歳の女の子が、「右腕を切断しても命の保証はない」という危機的な状況から、ひと月で肉腫が完全に消失するまでを目の当たりにしたこともある。「女の子の父親は学会員でした」。

橋本はドクター部の一員として、各地の仏法セミナーや健康セミナーにもすすんで参加した。「なるべく難しい専門用語は使わない」語り口が評判を呼んだ。大学では歯学部長、学長事務代行などを歴任。退官後は臨床病態医学研究所の所長も務めた。

その橋本が喉頭《こうとう》がんで入院したのは、九州大の歯学部長に就任する八九年（平成元年）のことだった。手術を終えた橋本は翌年、福岡で行われた「九州総会」で池田との出会いを刻んだ。

数日前、池田は初訪問の韓国にいた。東京富士美術館が主催する「西洋絵画名品展」の開幕式に出席し、帰国後は福岡、佐賀、熊本、鹿児島など十一日間の九州指導に回った。その最中の出会いだった。

「九州総会が始まる直前の、壇上脇でした」（椎場公子）。ドクター部の同僚が橋本を紹介しようとすると、池田のほうから「やあ！　昨年は大変だったんですね」と声をかけた。大柄《おおがら》な橋本の肩を抱きかかえるように叩《たた》き、「よかった」「よかった」と繰り返した。

「先生のおかげで、病気の前より健康になりました」と話す橋本に、池田は「いや、この信心ですよ」「とにかく一日八時間寝てください」「そしてお題目です」と語った。九州の白樺グループとして救護役員をしていた福山直子も、その情景を覚えている。

「先生は題目の唱え方についても『早口ではなく、早からず、遅からず、御本尊様を恋人のように思って、題目をあげるんだ。そうすれば鬼に金棒ですよ。薬以上の薬です』と、嚙《か》んで含めるように教えておられました」。

会場に入る直前、池田は橋本を振り返り「おいくつですか」と尋ねた。「六十三歳です」と答える橋本に、「私と同じですね」と笑いかけた。「先生は『大丈夫、大丈夫』と橋本さんの胸をとんとんと叩き、『いっしょに参りましょう。いらっしゃい！』と、橋本さんをともなって入場されました。お二人の後ろ姿が忘れられません」（椎場公子）。

「この人の後ろに、たくさんの似た境遇《きょうぐう》の人がいる」

「大きいなあ！」と池田がほれぼれするほど偉丈夫《いじょうふ》の男子部員が大阪にいた。関西牙城会《がじょうかい》の委員長だった四ツ永義昭である。学生時代、バレーボールの日本代表として海外遠征にも参加した。関西創価学園で体育を教えていた。

妻の裕子のもとに、四ツ永が交通事故に遭《あ》ったという連絡が入ったのは、二〇〇〇年（平成十二年）二月十八日の夜だった。六歳の長男、五歳の次男、生後半年の三男を残し、あまりにも突然の訃報《ふほう》だった。

池田は四ツ永の死を香港で聞いた。「私は言葉を失っております。大切な愛弟子《まなでし》を亡くし、残念でなりません」――遺族のもとに何度も池田からの伝言が届いた。「香港総合文化センターにて、ただちに追善回向《ついぜんえこう》の勤行唱題を懇《ねんご》ろに行わせていただきました」「生命は永遠であり、生死《しょうじ》は不二《ふに》であるが故に、尊き使命の四ツ永君が、すぐに帰り来ることを、私たちは待っております」。

二十日の葬儀に寄せた弔電《ちょうでん》には、

あまりにも
若き偉大な
君帰《さ》りて
早く還《かえ》れと
大声あげなむ
今朝、追善をなしつつ　合掌
香港にて

と無念を綴った。

池田が香港から大阪入りしたのは、四ツ永の葬儀の翌日だった。

「私は二十四日に行われた関西代表者会議に参加しました。あの日の出会いを生涯忘れることはありません」と裕子は振り返る。

二十四日の早朝、裕子は自宅で机に向かっていた。起きてきた長男の秀樹に「なにしてんの」と聞かれ、裕子は「先生にお手紙を書いているのよ。ご心配いただいて、たくさん激励をいただいたから」と答えた。「ぼくも書こうかな」。六歳の秀樹は鉛筆《えんぴつ》を持った。一生懸命考え、〈いけだせんせいへ せんせい いつもありがとう パパのぶんもがんばります。よつながひでき〉と書き、封筒に入れた。

◇

その日の午後、関西文化会館に到着した裕子は、息子の分も合わせて二通の手紙を池田に届けた。裕子が驚いたのは、その日の夕刻のことである。「勤行会を終えた後、先生はスピーチのなかで、関西の草創期を支えた故人《こじん》の方々とともに、夫の名を挙《あ》げてくださったのです」。池田は長時間にわたって仏法の生命観に言及し、さらに、その日の朝、六歳の四ツ永秀樹が書いた手紙への自らの返信を紹介した。

――秀樹君。大好きなお父さんは、君の心の中に生きている。大切な大切なお父さんは、お母さんの心の中に生きている。秀樹君。断じて負けるな！ 絶対に負けるな！ お父さんは、御本尊様の中から、君を毎日、見ている。直樹君のことも、伸樹君のことも、君がお父さんに代わって、お母さんと二人を守ってあげなさい――

四ツ永裕子は「それだけで胸がいっぱいになりました。もう十分すぎるほどの激励でした」と振り返る。さらに励ましは続いた。スピーチの後、懇談が始まった。池田は真っ先に裕子の座っている席に向かった。「今日はあなたのために来たんだ」。そう声をかけ、葬儀を終えて間もない裕子をいたわった。

その懇談に同席した白樺会の椎場公子は、四ツ永義昭の葬儀にも参列していた。

「先生と会っている四ツ永裕子さんは一人だけれども、この人の後ろにはたくさんの似たような境遇《きょうぐう》の人がいる、先生には見えていて、その人たちに対しても話しておられる、と感じました」（椎場公子）

「先生は『負けるな』と繰り返されました。『今は楽しくしている人も、いつかは悲しいこと、つらいことがある。その時に、あなたは悠々《ゆうゆう》とした境涯になっているよ』ともおっしゃいました」（四ツ永裕子）

その様子を間近で見つめていた椎場は「先生と奥様の『今、この人を何としても支える』という生命力が、私たちにもひしひしと伝わってきました。その場にいたドクター部や白樺会にとっても、忘れられない瞬間です」と振り返る。

池田は妻の香峯子のほうを振り向いた。香峯子は、裕子の長男の秀樹が書いた手紙を池田に手渡した。その場で池田は、封筒の裏に書かれた「よつながひでき」の隣に、同じようにひらがなで、自分の名前を添え書きした。

翌年の「父の日」にも、池田は小学校に通うようになった四ツ永の次男の直樹に、一つの句を贈っている。

父の日に
父なき子らよ
偉くなれ

「ここでは一人も死なせない」

四ツ永の遺族を励ました五日後、池田と香峯子は兵庫の長田文化会館を訪れ、「阪神・淡路大震災」の被災者とともに追善の勤行をしている（単行本『民衆こそ王者』第二巻に詳述）。関西の白樺グループ、白樺会のなかには、大震災の救援活動に携わったメンバーが多くいる。

木下康子は大震災の当時、西宮駅に近い救急病院に勤めていた。「震災の直後は真《ま》

阪神・淡路大震災で甚大な被害を受けた神戸・長田区へ。長田文化会館を訪問した池田は、震災の犠牲者に追善の題目を唱え、地元の参加者を激励した（2000 年 2 月）©Seikyo Shimbun

っ暗闇《くらやみ》でした。懐中《かいちゅう》電灯を頼りに子ども三人と母親の無事を確かめて、学会の神戸講堂に避難《ひなん》させ、私は職場に向かいました」。

木下は半年前に夫を病で亡くしていた。体を震わせている長女の香奈子に言った。「お母さんは、病院に行ってくるからね。お母さんが必要とされていると思うから。だからお姉ちゃんが、みんなを守るんよ」。八歳の香奈子は力強くうなずいてくれた。

「その後は、何時間寝なかったのか覚えていません」。病院は電気が途絶《とだ》えていた。のどを見るための喉頭鏡《こうとうきょう》のわずかな電球の光で患者の瞳孔《どうこう》を調べた。病院の駐車場に一人、また一人と遺体が増えていった。「名古屋まで行かなければ火葬《かそう》できませんでした。全壊《ぜんかい》した家に押しつぶされて亡くなった同僚もいました。地域の同志も、懸命《けんめい》に看護したおばあちゃんも力尽きていきました。あの時、『家に帰りたい』と嘆《なげ》くおじいちゃんに、どんな言葉をかけたらよかったのか……」。

病院で働き続けた分、自宅で生活するための水汲《く》みができず、身を裂《さ》かれるように感じることもあった。震災から一週間後、子どもたちと母親を実家の宮崎に帰した。患者を残して自分が帰る気にはなれなかった。

最も大変な時に一緒にいてあげられなかった私のことを、子どもたちはどう思っているだろうか。徐々《じょじょ》に町が復興していく中、それが気がかりだった。

半年後の七夕《たなばた》。小学三年生の香奈子が短冊《たんざく》に願いを書いた。――わたしは、大きくなったらお母さんのようなかんごふになりたい――。木下は「授業参観の時でした。本当にうれしかった」と振り返る。「長女は今、看護師として働いています。あとの二人は創価大学に進学しました」。

こうした救援活動の様子を描いた本連載「民衆こそ王者」の「阪神・淡路大震災」篇（「潮」二〇一一年一月号・二月号）を、二〇一一年（平成二十三年）三月十一日に発生した「東日本大震災」の後、神戸の婦人部の有志が手作りの小冊子《しょうさつし》にして、東北の婦人部へ贈った。

その「阪神・淡路」篇に登場する保健師の福岡美佐子は、東日本大震災でも、被災した岩手の山田町に赴《おもむ》いている。「船が陸にあがり、家が流された跡《あと》を通って、避難所の中学校に向かいました」。その途中、赤、黄、青の三色で彩《いろど》られた垂《た》れ幕《まく》を目にした。「十九年前の阪神の時も、震災直後の長田区に創価学会の三色旗がはためいていました。どちらの被災地の光景にも強く胸を打たれました。昨日のことのように思い出します」。

◇

二〇一一年三月。東京に住む白樺グループの金守亜伊たちは、創価学会の救護派遣隊《きゅうごはけんたい》として仙台の東北文化会館に向かった。「すぐ参考にできる資料はほとんどありませんでした。東日本大震災の少し前、たまたま『潮』に『民衆こそ王者』の阪神・淡路大震災篇が載っていましたが、あのページだけ切り抜いて仙台に持って行き、看護師の仲間とミーティングした際に読み合わせました」。

宮城県、岩手県、福島県を中心に、死者一万九六三〇人、行方不明者二五六九人を数える未曾有《みぞう》の災害である(二〇一八年三月一日現在)。津波は太平洋岸の五〇〇キロメートルに及んだ。東京電力の福島第一原子力発電所は原子炉《げんしろ》がメルトダウン(炉心《ろしん》溶融《ようゆう》）を起こし、日本社会は大混乱に陥《おちい》った。今も、把握されているだけで七万一〇〇〇人もの人々が避難《ひなん》生活を強《し》いられている（二〇一八年三月十五日現在）。

東京から向かった白樺グループがドクター部とともに東北文化会館に到着したのは、三月十三日の夕刻である。「それまで看護の陣頭指揮をとってくださっていたのが、東北白樺グループの小野寺幸恵さんです」（川本純子）。

三月十三日に東京からの救護派遣隊が綴った「救護支援記録《しえんきろく》」には〈（東北文化会館の）救護室（＝健康管理室）はまったく原状を留《とど》めていない〉と記されている。三月十一日の午後二時四十六分、小野寺幸恵はその部屋にいた。

「警報が鳴ったのですが、強烈な揺れで歩けませんでした」。部屋の外に飛び出し、ロビーの柱のそばに座り込み、揺れが収まるのを待った。

「一階の事務所に移動して同僚の無事を確かめると、やっと膝《ひざ》の擦《す》り傷や、自分のジャンパーが壁から崩《くず》れ落ちた粉で真っ白になっていることに気づきました」

創価学会の本部職員になって二年目だった。それまで七年間、仙台市内の総合病院で働いてきた。「三月十一日の夕方には電気も水もガスも使えなくなりました」。ラジオを聴く限り、誰も経験したことのない甚大な被害が出ている。まだ避難者《ひなんしゃ》は少ないが、これから間違いなくこの会館に殺到《さっとう》する。どうやって看護すればいいのか。会館に備蓄《びちく》してあった食糧《しょくりょう》や水、避難者用の布団を倉庫から運《はこ》び、簡易《かんい》トイレを設置しながら、必死で頭をめぐらせた。「三月十一日に会館に来られた避難者は六〇〇人でした。電気が復旧したのは十五日、水道は十六日の夕方です」。

三月十一日の夜が明けた。広い東北文化会館全体が救護室になっていた。学会員であるとないとにかかわらず、避難者たちが次々と増えていく。病院勤務の合間を縫《ぬ》って会館に駆けつけることのできる白樺グループの人員は限られている。避難者数はついに一〇〇〇人に至った。救急車に連絡がつかない。透析《とうせき》を受けている避難者もいた。使い慣れない無線機《むせんき》を手に、小野寺幸恵は「ここでは一人も死なせない」と心に決めた。

季節外れの「雪虫」

多くの「白樺」のメンバーが、それぞれの職場で大震災に遭遇《そうぐう》した。

宇渡《うわたり》亮子は航空自衛隊の松島基地にほど近い病院の透析《とうせき》室にいた。地震で揺れ動く制御卓《せいぎょたく》を二台、両手でつかみ、必死で押さえた。「ちょうど休憩中で、看護師は私一人でした。天井から、ぱらぱらと破片が落ちてきた時、この人たちを置いていけない、私はここで死ぬのかなと思いました」。技師が床《ゆか》を這《は》って、同僚の看護師たちが転びながら戻ってきた。立てる患者は車いすに、寝たきりの患者はストレッチャーなどに乗せて、全員が一つの部屋に集まった。しばらくして「津波だどー!」という叫《さけ》び声が聞こえた。「一斉に患者さんを階上に運びました。幸い、津波は玄関あたりで止まって、気がついた時は病院の周りが一面海になっていました」。寝たきりの患者の多い透析病棟を二十四時間態勢で守ることに全力を注いだ。

宇渡は女子部時代、仙台で行われた「宮城平和希望祭」に参加している(一九八二年八月)。「未来部(=小・中学、高校生のグループ)だけで演技する文化祭でした。私は場外の整理役員で、ものすごく暑い日だったことを覚えています」。

池田はこの日、噴《ふ》き出る汗も拭《ぬぐ》わず未来部員たちの演技に拍手を送った。――諸君たちが雄々《おお》しく活躍していく姿を見定めることが、私の人生の勝負であり、楽しみである――県スポーツセンターに響く池田の声を、宇渡は場外で聞いた。「この暑さの中でやったことが、一生涯の思い出となるんだよ」という池田からの伝言も届いた。

「先生の振る舞いには心尽くしを感じます。震災の後、いっそう感じます」と語る。

「実家の姪《めい》が嫁《とつ》ぎ先で亡くなった時、学会員ではないそのご家族が『創価学会はすごいね』と驚いておられました。池田先生からのお悔《く》やみが届いていたんです。私も『そこまで手を差し伸べてくださるのか』と感じました」。

また「救援物資として、学会本部から地域の友に自転車も届きました」と振り返る。

「自宅は応急修理《おうきゅうしゅうり》しましたが、全壊扱《ぜんかい》いで、のちに解体しました。それまでは縁側《えんがわ》に米や塩やしょうゆやみりんや、学会本部からの救援物資を置き、歩けないおばあちゃんたちに配って回りました」。

「震災直後、夫は学会の支部長として安否《あんぴ》確認に奔走《ほんそう》しました。今も寝たきりの方などに声をかけて回っていますが、『一人ひとりの家を訪ねることが本当に大事だ』と話しています。私は、必ず春は来る、必ず再生できると思っています」

◇

田子島屋《たごしまや》邦子は福島県の大熊町に住み、双葉町の特別養護老人ホームで働いていた。

「九十歳を超えた母が入所していました。大震災の起きた三月十一日はお休みで、近所の人と声をかけ合い、集会所で一晩過ごしました」。夫の武司たちが野外でストーブを焚《た》き、暖《だん》をとった。

「十二日は朝から仕事に行きました」（田子島屋邦子）。出勤前、近所の人たちが空を指さしていた。「季節外れの雪虫《ゆきむし》が飛んでいる」。邦子も一緒に空を見上げ、夫の武司に「珍《めずら》しいね」と言った。それは、雪虫ではなかった。約二年後、毎日新聞に次の記事が載った（二〇一三年二月二十二日付）。

〈（二〇一一年）三月十二日に（福島第一原発の）一号機格納容器《かくのうようき》の水蒸気を外部に放出する「ベント」を始める約五時間前から、放射性物質が約十キロメートル圏《けん》に拡散《かくさん》していたことがわかった〉〈放射線量《ほうしゃせんりょう》が通常の七〇〇倍超に達していた地点もあり、避難前の住民が高線量《こうせんりょう》にさらされていた実態が初めて裏《うら》づけられた〉

この日、邦子は夫の武司に車で職場まで送ってもらった。「妻を送った後、大熊町の役場まで車で八回ほど往復し、集会所の人たちを運びました。その後、皆を乗せたバスで受け入れてくれる避難所を探し、何カ所もたらい回しにされ、やっと小野町の避難所に辿り着きました」（田子島屋武司）。

邦子の勤めていた老人ホームは、福島第一原発から北西にわずか十一キロの場所にあった。他の病院の患者たちもバスで運び込まれた。電気も、水道も、ガスも止まった。食糧の備蓄もわずかだった。三月十二日も、十三日も、救助のバスも救援物資も来なかった。「十四日になってバスが一台来ました」。到底、全員は乗りきれない。警官から「もう避難用のバスが来る予定はない」と聞かされた。私たちを見捨てるのか。ここで死ねというのか。邦子たち看護師と介護士はその場を去ろうとする警官を必死で問い詰めた。「夕方、ようやく県警の護送《ごそう》バスが来ました。高速道路の対向車両は、パトカーと救急車と自衛隊の車だけで、最初は数えていたんですが、八十台を超えたあたりでやめました」。最高齢の一〇一歳を先頭に、二〇〇人近くがようやく原発から離れることができた。

「避難してからが大変でした。野戦《やせん》病院ってこんな感じなのかなと思いました」。邦子はそれから半年以上、避難先の体育館や宿泊施設で看護に携《たずさ》わった。「最初は多くの人が褥瘡《じょくそう》（＝圧迫による皮膚《ひふ》の壊死《えし》。床ずれ）の痛みでうなっている状態でした」。点滴台《てんてきだい》などあるはずもなく、体育館の階段の手すりに点滴や経管《けいかん》栄養をぶらさげた。避難所になったホテルの従業員だけでは食事の準備が間に合わず、三食とも配膳《はいぜん》を手伝った。お箸《はし》の持ち方がおかしい患者を見つけ、病院に連れて行くと脳梗塞《のうこうそく》が見つかり、事なきを得た。風呂場で転んだ人のそばで、従業員が「救急車を呼びますか」と声をかけていた。邦子は「呼びますか、じゃなくて、呼んでちょうだい！」と一喝《いっかつ》し、病院に運ぶと、くも膜下《まくか》出血だった。一命をとりとめ、医師から「十五分遅かったら助からなかった」と言われた。

「私が宿泊施設にいる間は幸《さいわ》い、一人も亡くなることはありませんでした」邦子と武司が大熊町の家から持ち出した数少ない品物のなかに、

忍耐の
土壌《どじょう》の上に
幸《さち》の城《しろ》

という池田の句が書かれた色紙がある。「平成十四年、福島研修道場で白樺会の研修があったんですが、ちょうど夫の病気の手術と重なり、参加できませんでした。その時、先生からいただいた励ましです」。

御本尊に向かう時、邦子はいつもこの句を見つめてきた。仮設住宅《かせつじゅうたく》に移ってからは「見守り隊」をつくって健康相談に回った。「誰に頼まれたのでもありません。『一銭にもならないことをやって、疲れるでしょう』という人もいましたが、私の根《ね》っこには『白樺』があるんです。女子部の時も、婦人部の今もですね」。静かに語った。

「私は泣いた。慟哭《どうこく》した」

白樺会の東北委員長を務める河原麻理子は、「岩手の大槌《おおつち》で被災した白樺会のメンバーは、避難先の小学校で、被災者に一人ずつ声をかけ、即席のカルテをつくったそうです。『当初は被災者の傷を洗い流す水もなく、励ますか、祈ることしかできなかった。本当に悔しかった』と語っていました。そういう思いをしたメンバーが、各地にいました」と語る。

〈まさに爆撃《ばくげき》を受けたような光景が広がっていた〉——東京からの救護派遣隊が、初めて石巻文化会館へ向かった時に書いた「救護支援記録」の一文である。

その石巻文化会館でも、すでに避難者のカルテがつくられていた。〈被災者の中に白樺会の方が二名おり、救護ブースをつくり、物品などを管理してくださっていた〉（救護支援記録）——その白樺会の一人が鈴木公美である。

地震の後、認知症の父も含めた家族全員と友人を連れて、石巻文化会館に向かった。「ちょうど会館の鍵を持った壮年の方が玄関におられました。『白樺の先輩から、会館には緊急物資もあり、避難できると聞いています』と伝えて、一番最初に会館に入りました。次々と避難者がやって来ました」。

椅子《いす》を並べ、シーツを敷《し》き、臨時の救護ブースをつくった。「理学療法士《りがくりようほうし》の学校に通っていた息子にも手伝ってもらいました」。外部と連絡がとれず、どの病院が開いているのかもわからない。じつは当の鈴木自身が、肝炎《かんえん》のインターフェロン療法《りようほう》を受けている最中だった。「治療の副作用で、話をしても息切れするような体調でした。でも『ほっとけない』って思っちゃうんですよ。白樺だから」。

自分の体とも相談しながら、避難者に「血圧を測《はか》りましょう」と提案し、持病のある人をチェックし始めた。「名前、年齢、性別、症状とどういう処置をしたか、ノートに書いておきました」。一週間で救護の流れをつくり、同じ白樺会の高橋良子たちに引き継いだ。高橋は「不安で無我夢中《むがむちゅう》でしたが、今でも『あの時はありがとう』と声をかけられます。そういう時、やはり必要とされていたのかな、と感じます」と振り返る。

鈴木公美は二〇一三年（平成二十五年）の十一月まで、壊滅的な被害を受けた海沿《うみぞ》いの地域で地区婦人部長を務めた。「地区の七人の方が命を落としました。あの時は、どん底だけれども、少しでも安心感を与えてあげたい、声をかけて、体をさすってあげるだけでも違うのかな、という思いでした」「震災直後に励ましのメッセージを贈ってくださった池田先生と、私は一度も会ったことはありません。でも、毎日、先生の弟子として、共に生きていると感じています」。そう鈴木は語る。

震災から十一日経《た》った三月二十二日。金守亜伊はその日の夜、東北文化会館で聞いた池田からの長文の伝言を、今も胸に刻んでいる。「大津波で九死《きゅうし》に一生《いっしょう》を得て、しかもなお救援活動に身を挺《てい》し続ける、被災三県の青年部の方々の涙ぐましい様子は、先生にまで伝わっていました。先生はその方々に伝言を贈られたのです。忘れることができません」。

混乱を極める渦中、池田から届いた伝言は、静かに、深く、被災地の友のもとへ口《くち》伝《づた》えに広がっていった。聖教新聞の体験談などでも、被災した学会員たちは池田の伝言に勇気づけられたことを語り、繰り返し掲載された。金守たちが日々の状況を綴った「救護支援記録」にも、その全文が記されている。


あなたたちの懸命な体験を聞いて、私は泣いた。慟哭《どうこく》した。

よく戦ってくださった。よく生き抜いてくださった。よく耐え抜いてくださった。

そして、創価の精神を発揮して、人々の大救済に命をかけて戦い続けてくださっている。


感謝しても、感謝しても、感謝しきれない。

あなたたちの献身《けんしん》こそが、学会精神の真髄《しんずい》であり、誉《ほま》れである。

あなたたちの献身こそが、師弟の魂の脈動《みゃくどう》であり、誇りである。

この尊き決死の方々を、国家も最大に感謝し顕彰《けんしょう》すべきであると訴えたい。

河原麻理子は、震災翌日から仙台の青葉平和会館に毎日通った。「その後、気仙沼《けせんぬま》、石巻、岩沼を回りました。二〇一二年の一月からは担当の地域を決めて、白樺会の有志で被災地の健康訪問を始めました。今も続けています」。

毎晩うなされる壮年がいた。「苦しみを人に話すことをよしとしなかったのか、眠ると『ずっとあれ以来』うなされている、という方《かた》でした。東北の被災者のなかには、我慢すれば時が解決する、と思っている方もいます。心が傷つき、それを忘れようとして動き、疲れ、自分も知らないところでうなされている。多くの方が『こんなことくらいで』『もっと大変な人がいるのに』とおっしゃるんです。私は『違いますよ。どんどんしゃべっていいんですよ』と伝えています。『もうダメだ』と言っていた人が元気になり、頑張っていた人が落ち込み、上がったり、下がったりの波の繰り返しのなかで、みんなでしゃべりながら、『負げでたまっか』と祈りながら、乗り越えていくんです」。

被災地の再生の歩みは、消えることのない悲しみとの共生《きようせい》でもある。忘却《ぼうきやく》との闘《たたか》いでもある。その歩みはすべて、現在進行形で続いている。

第八章

生と死の現場から

「体はやせて、頬《ほお》はこけ、注射を打っても、すぐまた熱が出る」――。

池田大作は「白樺会《しらかばかい》」との懇談《こんだん》で、少年時代の闘病《とうびょう》を語ったことがある（『池田大作全集』第六六巻）。「職場から人力車《じんりきしゃ》に乗せられて帰ったこともあります。三十九度の熱を押して仕事したこともありました」。

当時、池田は東京の蒲田駅にほど近い新潟鉄工所で、ディーゼル機関の製造に携《たずさ》わっていた。三番目の兄が勤《つと》めていた関係で、十四歳から働き始めた。真珠湾《しんじゅわん》攻撃の翌春（一九四二年）のことである。〈鉄工所は、まもなく軍需《ぐんじゅ》工場となった。鉄の削《けず》り屑《くず》が飛び散る工場は、結核《けっかく》の私にとって、最悪の環境であった〉（同全集、第九六巻）。軍事教練《きょうれん》で木銃《もくじゅう》を抱《かか》え、多摩川の土手まで行進させられ、疲れ果てることもたびたびだった。

新潟鉄工所の医務室に四十代半ばの看護婦がいた。ある日、池田の病状を見かねた彼女は、仕事を早退させ、レントゲン撮影のためにわざわざ病院まで付き添ってくれた。

〈看護婦さんに、私は何度も頭を下げた。「いいのよ、いいのよ。当たり前のことしてるだけなんだから」

その「当たり前のこと」が、どれほど、ありがたかったか。戦争と病気という二つの「死」に直面していた私にとって、枯《か》れ野《の》で巡《めぐ》り合った明るい花のようだった〉（二〇〇一年三月四日付「聖教新聞」）。「本当は、働ける体じゃないんだけど……池田さん、何とかして転地療養《てんちりょうよう》したほうがいいですよ」と看護婦は池田に勧《すす》めた。そして「戦争って嫌《いや》ね。早く終わればいいのにね」と言った。

戦争は死の使い　看護は生の使い

〈さらっとした言い方だが、それは勇気ある言葉だった。心で思っていても、なかなか口に出せないことだった。当時、「ひどい世の中だ」と言っただけで、「非国民《ひこくみん》」として逮捕《たいほ》された人さえいたのである。

私は、看護婦さんの一言に、女性として、人間としての真実を聞いた。私を励ますための言葉だったが、あるいは家族のだれかが戦地に行っておられたのかもしれない〉（同）

池田は医師から、茨城県の鹿島にある療養所に二年ほど入るよう言われる。だが、ベッドの空きを待っている間に敗戦を迎えた。

「絶対に生き抜いていくのですよ」と励ましてくれた看護婦の振る舞いに、池田は何度となく言及している。白樺会総主事の稲光禮子は、この話を池田から直接聞いた一人である。

「心優しく、戦争を批判するあの看護師との出会いが、先生ご自身の看護師像の原点であるとうかがいました。看護師は、死を前にすれば社会的立場などまったく無力だという現実を嫌というほど知っています。だからこそ、相手が誰であろうと本当のことを言うのだと思います」

◇

戦争と病《やまい》と――「二つの死」の影に池田少年が苦しめられた時代、従軍看護婦として辛酸《しんさん》をなめ尽くした人々がいた。彼女たちは後に一冊の証言集をまとめた。創価学会の一〇〇冊を超える反戦出版シリーズの中の『白衣《はくい》を紅《くれない》に染めて』(第三文明社)である。二十人を超える従軍看護婦たちの体験が収《おさ》められている。戦地で看病した相手に、敗戦後、逆に命を助けられた人もいた。軍医から「天皇陛下《てんのうへいか》の命令だから」と諭《さと》され、泣く泣く安楽死の注射を打った人もいた。「戦争の最大の犠牲者は女であり母親である」という同書の叫《さけ》びが、読む者の胸を刺《さ》す。戦争の地獄を生き延びた彼女たちは、やがて創価学会の信仰を選び、それぞれの人生の道を切り開いていく。

この証言集の冒頭《ぼうとう》に登場する木須マサ子は、「満州での看護生活に、中国人も日本人もありませんでした」と振り返る。「分厚《ぶあつ》い満服の綿《わた》を切り裂《さ》いて弾丸を体から取り出す時、中国人の患者は『アイヤ！　マーマ』と叫びました。日本人が『お母さん！』と叫ぶのと何も変わりません」。

敗戦前後、「その日の命がどうなるかわからない」毎日が続いた。「引き揚げ列車が出発する直前、役人から『三歳以下の子どもは列車に乗せられない』と告げられ、涙をのんだ母親たちがたくさんいました」。人のよさそうな中国人を見つけ、泣きながらわが子を渡す母親の姿を幾人《いくにん》も目にした。「再会した時、わかるように」と赤ん坊の腕《うで》に傷を残したり、わが子の耳たぶをかじった母親もいた。

木須は新京《しんきょう》（現・長春）の病院で数百人の引き揚げ者に予防接種《せっしゅ》をした。その時、若い女性に看護服の袖《そで》を引っ張られた。「助けて、看護婦さん」と泣いている。その女性は、わが子を遠い土地に置き去りにしてしまった。自分を責め続けていた。

「新京から引き揚げる時は、天蓋《てんがい》のない貨車に乗りました。途中で半狂乱《はんきょうらん》になってしまい、貨車から飛び降りるお母さんもいました」。奉天《ほうてん》（現・瀋陽）に着くと「医者や看護婦はソ連兵に連れて行かれる」という噂《うわさ》を聞いた。「密告《みっこく》されるのが怖《こわ》くて、それまで太ももに巻いて隠し持っていた看護学校の卒業証書も焼き捨てました」。

引き揚げ後は、福岡の済生会病院や孤児《こじ》収容所で働いた。「弾丸が飛んでこないだけで幸せだった」という。すぐに縁談《えんだん》をもちかけられたが、断った。どうしても、そんな気にはなれなかった。

「たくさんの戦争孤児がいました。収容所では、夜になると『お母さん、お母さん』と涙まじりの声が聞こえました。苦しむ人々の中に、まだ私はいなければならない、彼らの声に耳を傾《かたむ》けなければ、と思ったんです」

木須は引き揚げ後も四年間、看護婦を続けた。結婚後、三人の子育てに疲れ果てたころ、創価学会と巡《めぐ》りあった。「夫も入会し、最後まで純粋な信心を貫きました。昭和五十五年、岐阜の各務原《かかみがはら》に来られた池田先生と記念撮影をする機会がありました。私の誇りですよ」。九十歳になる木須マサ子はそう言って笑った。

「いのちの守《まも》り人《びと》」

「看護師になったから、生命のすごさを垣間《かいま》見た。だからこそ池田先生の振る舞いのすごさ、仏法の生命観の深さを知ることができた」。そう語る「白樺」のメンバーは多い。池田は彼女らを「いのちの守《まも》り人《びと》」と称《しょう》し、一貫して励まし、讃《たた》えてきた。

池田の提案で白樺グループの代表十人がノルウェーやデンマークで看護研修を行ったこともある。「昭和五十年のことです。出発前に先生は『これから高齢化社会になるから。行ってらっしゃい』と言われ、全員と握手していただきました。ヨーロッパで進む地域看護の現場を見て、大きな刺激を受けました」(桜本幸子、白樺会主事)。

一九九三年(平成五年)、東京牧口記念会館が八王子に完成した。軍国主義に異《い》を唱《とな》え、七十三歳で殉教《じゅんきょう》した初代会長・牧口常三郎《つねさぶろう》を顕彰《けんしょう》する会館である。当時、白樺グループ委員長だった中村康子は「先生から『(東京牧口記念会館の)最初の会合は白樺で』『ピアノの弾《ひ》き初《ぞ》めも白樺で』と提案があり、皆で懸命《けんめい》に準備しました」と振り返る。

当日、ピアノを弾いた西澤奈津子。「演奏したのはブラームスのワルツと、池田先生が作詞・作曲された『人間革命の歌』です。富士合唱団の方に、会合用にアレンジした楽譜《がくふ》まで作っていただきました」。西澤が弾いた後、すぐ「あらためてピアノを演奏してくれませんか」という連絡が届いた。素晴らしい演奏だと伝え聞いた池田からの伝言だった。「この日、先生からは『白樺の会合を見守っているよ』という伝言もありました。一つの会合にここまで心を砕《くだ》かれるのかと痛感しました」（中村康子）。

◇

波木井良子は二〇〇三年（同十五年）五月、池田を囲《かこ》んだ懇談会での出来事が忘れられないと語る。「白樺会や教育者の代表などが参加していました。先生は教育者の方々のほうを向いて『明日は何の日？　五月十二日だよ。わかる？』と言われました。私たちには聞かれませんでした」。その場にいた白樺会のメンバーは全員、知っていた。池田は「明日はナイチンゲールの誕生日だ。看護の日なんだよ」と言い、白樺会がどれほど大切な存在かを語った。「『白樺は命の先生だ。生命の師匠なんだよ。よく覚えておきなさい』と言われ、身の引きしまる思いでした。生命の本質を求めるのが私たちの使命だと心に刻《きざ》みました」。

池田が「白樺」の友に注ぐ眼差《まなざ》しは常に優しい。「慢性疾患看護専門看護師《まんせいしっかんかんごせんもんかんごし》」として働く本城綾子は、池田との出会いを機に、それまで悩み抜いてきた父親との葛藤《かっとう》を乗り越えた。

「その時、私は高齢のご婦人のそばにいました」。一九九九年（同十一年）五月、京都で創価学会の本部幹部会が行われた。救護役員の本城は、壇上で表彰を受ける予定だった老婦人の体調が気になり、そばに控えていた。

池田が入場した瞬間、「救護役員の自分が目立ってはいけない」と思い、視線を下に向けた。「するとうつむいている私の頭に、ぽんぽん、と軽く掌《てのひら》を当ててくださったんです」。顔を上げると、池田はうなずいてそのまま壇上に上がり、会合が始まった。

一瞬の、無言の出会いだった。本城にとっては「堂々と顔を上げていいんだよ」というメッセージのようにも、「ご苦労さま」といういたわりのようにも思えた。会合が終わると、先ほどの老婦人の他にも具合が悪くなった女性がいた。その女性と、女性に付き添って帰った人宛《あ》てに、池田と妻の香峯子《かねこ》からお見舞いの伝言や書籍が届いた。本城のいる救護室にも新しい花が届いた。「先生はいつもここまで気を配っておられるのか、とあらためて驚きました」。

本城には十六歳の時、父の事業が破綻《はたん》して、債権者《さいけんしゃ》に待ち伏せされた、つらい記憶がある。「債権者は私の通う高校まで押しかけてきました。退学せざるをえなくなり、親戚《しんせき》のつてを頼って、両親も知らない土地へ行きました」。

近くの病院で働きながら准《じゅん》看護学校へ通った。「親は創価学会に入っていましたが、私にはその自覚はありませんでした。当時、会いに来てくれた女子部の先輩から『宿命転換《しゅくめいてんかん》』という言葉を教えてもらいました。一流の看護師になりたい、と思ったのもこの時です」。

准看護学校を卒業した本城は、看護短大を経《へ》て看護師になる。三交代勤務の合間を縫《ぬ》って、学会の圏女子部長や関西の白樺グループ委員長を歴任した。学会活動にも夢中で打ち込みながら、京都での本部幹部会を迎えた。

◇

何年経《た》とうと、家族を盾《たて》にして債権者から逃げ続けた父を許せなかった。しかし池田との出会いは、その「恨《うら》む心」が変わるきっかけになった。「思いもよらない心の変化でした。目の前の一人を励ます先生の振る舞いが、私自身の本当の気持ちに気づかせてくれたのです。『ああ、私はずっと父親の愛情を求めていたんだ』と。父のせいで高校を中退させられ、父に愛されずに育ってきたと感じていました。でも、あの日を境に、父のおかげでこの信仰に巡りあえた、人生の師匠にも出会えた、と思えるようになったんです」。

「素直に父の幸せを祈れるようになった」という本城は、二年後、胃がんの父を看取《みと》った。「驚くほど安らかな臨終《りんじゅう》の相《そう》でした。母は婦人部の副白《しら》ゆり長で、今も元気に暮らしています」。

その後、本城は「慢性疾患看護専門看護師」の資格をとる。「私がなった時には全国で二十人もいませんでしたが、今は一〇〇人以上います」。慢性疾患の患者は十年、二十年単位で病とつきあう。自分に何ができるのか、「抜苦与楽《ばっくよらく》」をモットーに試行《しこう》錯誤《さくご》の日々を送っている。

「具体的に祈るんです」

秋田から東京に移り住んだ山本睦子もまた、池田との「路傍《ろぼう》の出会い」を人生の原点に変えた一人である。

石油会社に勤めていた父親が心筋梗塞《しんきんこうそく》で亡くなった時、山本は五歳だった。社宅を出た一家は、東京に住む伯父を頼り上京。杉並の六畳《じょう》一間の貸家に母と子ども五人で暮らし始めた。

「不運なことに、母は伯父の借金の連帯保証人を引き受けてしまい、やがて債権者に追い立てられる毎日が始まりました。思いつめた母から『もう死のうか』と聞かれ、小学一年生だった私は『うん』と言いましたが、姉が『いやだ！』と部屋の隅《すみ》に逃げ込み、母は正気《しょうき》を取り戻しました。そんな一番つらい時に相談に乗ってくれたのが創価学会の人でした」

母のウメノは一九五九年（昭和三十四年）に信心を始めた。少女時代に苦しい思いをした山本は「自分の心と体を使って、人の役に立つ仕事をしたい」と決意し、看護の道を選ぶ。

田無市（当時）の病院に勤め、立川の看護学校で学んだ。「働いては勉強の連続で、気力も体力も限界でした。あの学生時代、近所の学会員さんに何度も励ましてもらい、学会の温かさを知りました」。

ある日の夕刻、疲れた体を引きずり、信濃町で行われる白樺グループの会合に向かった。「駅から歩いていると、本部別館（当時）の前で偶然、池田先生にお会いしたんです」。

「ご飯は食べたの？」と尋《たず》ねられ、山本は「食べました」と答えた。本当は食べていなかった。「心配をかけたくなかったので、そう言ったのですが……」。

「お母さんはお幾《いく》つ？」「六十八歳です」。トートバッグを抱えたまま、山本は緊張していた。池田はじっとその眼を見つめ、「お母さんは、苦労されたね」と言った。山本は「はい」と答えた。白樺グループの会合に行く途中だとわかり、池田は「じゃあ看護婦さんだね。この時間に食事してないってよくないでしょう？」と言った。「思わず『はい』と答えてしまいました」。そばで妻の香峯子が微笑《ほほえ》んでいる。池田は山本に果物を渡し、「荷物を持って電車に乗るのは大変？」と聞き、「いいえ」と答えた山本に果物をもう一個渡した。さらに激励を重ね、その場を立ち去ろうとしたが、再び山本のもとへ歩み寄って握手した。

「先生は『いい人と結婚できるよ。いい子どもを産《う》んで、いい孫を育てなさい』と言われました。早くに父を亡くし、家族とともに苦労し続けた私にとって、とても心温まる一言でした。ほんの一瞬のやりとりでしたが、あの全身が包み込まれるような感じは何だろう、と今でも不思議《ふしぎ》に思います」

◇

山本睦子は、白樺グループのある会合で聞いた一言に「看護婦の姿勢」を学んだと振り返る。「『私たちは、患者さん一人ひとりのことを具体的に祈るんです。たとえば、お小水《しょうすい》が出なければ、出るように祈るんです』と。ああ、これこそ一流の看護婦だと目から鱗《うろこ》が落ちました。祈りが変わると、疲労困憊《こんぱい》の職場は、看護体験のドラマの舞台に変わりました。話をしてくれたのは白樺グループ初代責任者の林栄子さんでした」。

林栄子は白樺グループの土台をつくった一人である。山形の酒田に生まれた。〈中学時代はガキ大将と言われるくらい活発だった〉が、女子高に進んでから内向的になり、〈看護学校、助産婦学校も同様で、それはだんだんひどくなって……人の前で話ことが「恐怖感」となってておそってくる〉（林栄子の手記）ようになった。

東京の新宿に住み、社会保険中央総合病院（当時）で働いた。「母は『他人の前で話すことが死ぬよりつらい』というほど極度のあがり症だったそうです」。娘の星新子が語る。「ずいぶん悩み、看護婦として限界を感じていた時、近所に住む婦人部の松岡さんから仏法の話を聞きました」。

創価学会に入会しても、あがり症の悩みは続いた。一年ほど経った六二年（同三十七年）の十二月。栄子が病院の廊下《ろうか》を歩いていると、向こうから池田がやってきた。心臓が飛び出るほど驚いた。鶴見支部の草創期に支部長を務めた森田悌二が、栄子の勤める病院に入院しており、池田がお見舞いに訪れたのである。〈新宿・大久保の病院を訪ねたおり、廊下で、一人の看護婦が少しはにかみながら「先生、女子部の佐藤（旧姓）です」と駆け寄ってきた。お下《さ》げ髪で純朴《じゅんぼく》な、その看護婦が栄子さんであった〉（池田のエッセー、『忘れ得ぬ同志』第二巻）。

病院を後にする時、池田は栄子と握手を交《か》わし、「明るく頑張《がんば》りなさい」と声をかけた。〈「明るく」と言われた一言が、私の人間革命の第一歩の目標でありました〉（林栄子の手記）。

この日を境に、栄子は徐々に変わっていく。白樺グループが誕生するのは、それから七年後である。

「病める人を私は堕落させない」

白樺グループが結成された二年後、初代責任者の林栄子のもとに池田からエッセー集『私の人生観』(文藝春秋)が届いた(一九七一年)。「言論問題」の渦中《かちゅう》、池田が体調を崩《くず》しながらも書き続けた一冊である。栄子が表紙を開くと、見返しに池田の筆で、

病《や》める人
心の傷ついている人を
私の使命感として
私は堕落《だらく》させない。

と書かれていた。白樺会総合委員長の小島明子は「林栄子さんに贈られたこの言葉は、看護に携わる私たちの大切な指針です」と語る。

栄子は「女子部の時代に自らを鍛《きた》え、人生の基盤を固める」ことをまず自らに課《か》し、

真新しい組織である白樺グループの範《はん》を示していく。池田は〈私の母が老衰《ろうすい》で床《とこ》につ
いたときも、彼女は、真っ先に駆けつけて手厚い看護をしてくれた〉(同『忘れ得ぬ同
志』)と感謝を綴《つづ》っている。

結婚後は二人の子宝に恵《めぐ》まれた。長女の新子が小学二年生の時、栄子は体調不良を
感じて入院する。一九八四年(昭和五十九年)の年末だった。「母はメラノーマ(悪性
黒色腫)という、今でも治療が極めて難しい悪性の皮膚《ひふ》がんでした。担当医師からは
余命三カ月と告げられました」(長女の星新子)。

◇

「なぜこんな病気に」と涙を流す実妹の扇《せん》を、栄子は「信心してなかったら、もっと
大変よ」「さあ、今こそお題目よ」と逆に励ましている。朝晩、夫の徳一と御書《ごしょ》(日《にち》
蓮《れん》の遺文集《いぶんしゅう》)を読み合った。

がんは体中に転移していた。〈看護婦であった彼女は、病の重さは、だれよりも自
分自身が知っていたにちがいない〉〈医師は「痛くないはずがない」と言って何度も
痛み止めの注射を用意した。しかし、彼女は一度も使うことがなかったという〉(同
『忘れ得ぬ同志』)。

長女の新子は東京創価小学校に通っていた。「母が入院中のある日、担任の教師か

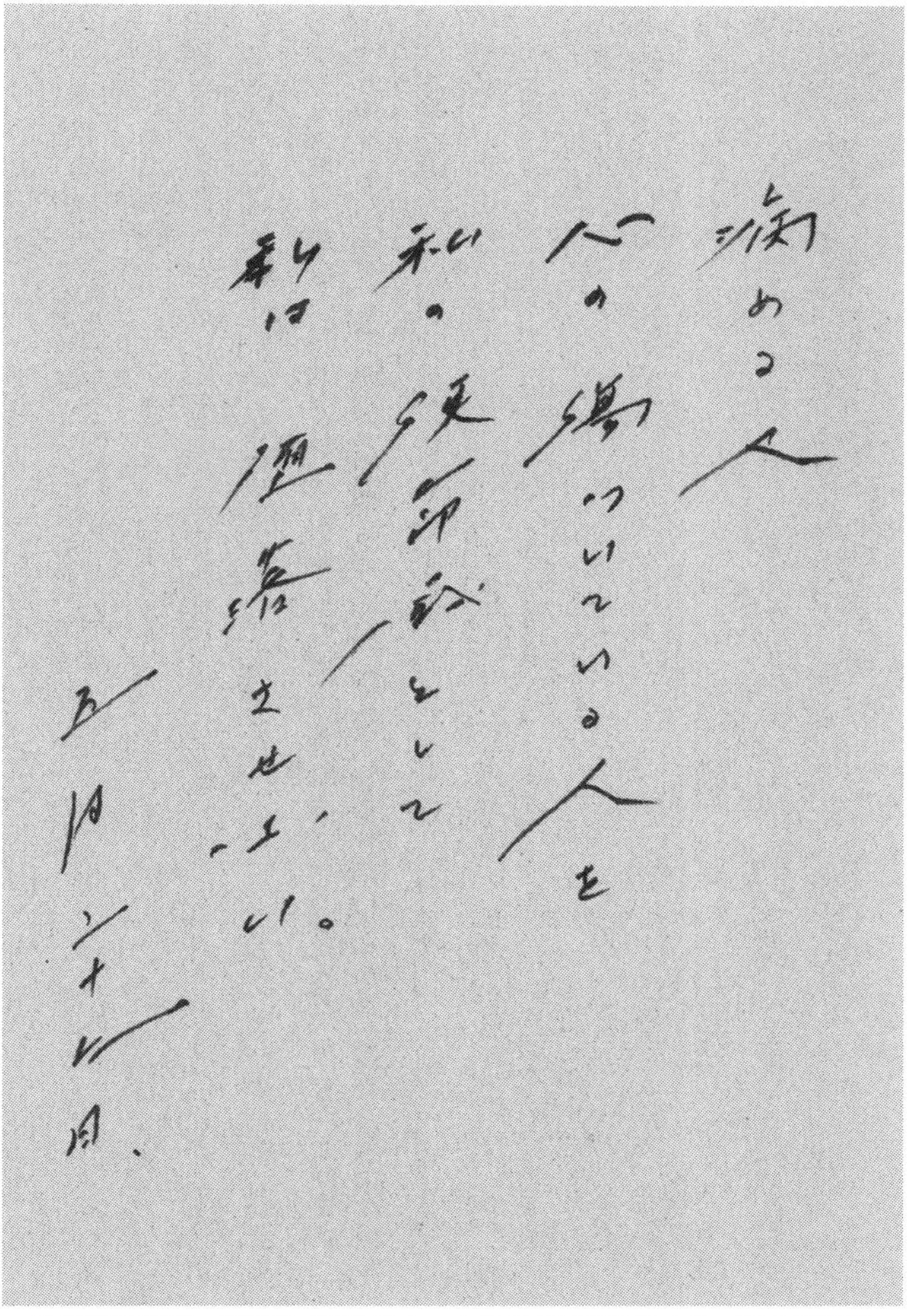
病める人
心の傷ついている人を
私の使命感として
私は堕落させない。
五月二十三日

池田が書き贈った言葉〈病める人　心の傷ついている人を　私の使命感として　私は堕落させない〉。白樺グループのメンバーは「患者の生命を衰えさせまい、落ち込ませまい――これは私たちの根本精神です」と語る ©Seikyo Shimbun

ら呼ばれました。行ってみると、玄関前のロビーで池田先生が待っておられました」。

この日は創価小の卒業式だった。すでに林栄子の病状を聞いていた池田は、娘の新子を精一杯励ました。「お母さんが入院して、家にいなくても、頑張るんだよ。師子《しし》の子だからね」。新子の肩を抱きかかえ、廊下を歩いて一緒に食堂へ向かった。

食堂では謝恩会が開かれていた。その最中も池田は、八歳の新子を隣に座らせ、家族についての話に耳を傾《かたむ》け、この日、小学校を後にするまで新子を励まし続けた。

林栄子は入院から三カ月が過ぎ、自宅療養《りょうよう》に切り替わった。ともに白樺グループを支えてきた稲光禮子《れいこ》は、栄子の闘病の様子を鮮《あざ》やかに覚えている。「不思議なくらい顔色もよく、お見舞いに来た人たちのほうが励まされて帰っていきました。病院でお世話になった看護婦まで自宅に迎え、学会の信仰の素晴らしさを語る姿に胸が熱くなりました」。

◇

栄子が自宅療養を経て再入院したのは初夏だった。稲光は七月十五日、仕事を終えたその足で栄子の病室を訪ねた。「ああ、もう時間がない」と直感した。栄子の夫、徳一に相談し、「明日の朝、子どもたちを学校に行く前に連れて来てください」と頼んだ。

東京創価小学校で林栄子の長女・新子を励ます池田（1985年3月）

翌朝。栄子は「夕べはよく眠れたわ。あなたが泊まってくれて」と稲光にお礼を言った。しばらくして、わが子二人の予期せぬ訪問に目を見開いて喜んだ。小学三年生になった新子と創価小に入学したばかりの尊弘の手を握り、かすれた声で「いってらっしゃい」と見送った。

そして、「今日は大事な検査があるから、お題目あげてね」と妹の扇に語りかけ、ゆっくり身を横たえた。看護婦が栄子の手をとり、爪《つめ》を切っている時、眠るように息をひきとった。四十八年の生涯だった。

翌七月十七日――池田は東京の創価学園にいた。夏の恒例《こうれい》行事「栄光祭」が行われていた。母を亡くしたばかりの二人を呼んだ。「私と弟は忌引《きびき》にせず、学校に行っていました。先生は栄光祭の会場に向かう途中、事務所の近くで待っておられました」(星新子)。

池田は大きく手を広げた。「おいで！」と声をかけ、駆け寄る二人を抱きしめた。「お母さんはずっと生きている。泣いちゃいけない。師子の子なんだから」「私の奥さんをお母さんと思えばいい。私をお父さんと思って。二人のお父さんがいるんだ。何も心配はいらないよ」

新子は前日から、大人の前で涙を見せなかった。「母の入院中、先生が『師子の子だから泣いちゃいけないよ』と励ましてくださったので、泣くもんかと思っていました」。この日、池田の言葉にうなずきながら、新子は初めて泣きじゃくった。池田は「ずっと見ているよ」「先生がついているからね。強くなりなさい」と繰り返した。

栄子の死後、池田は林家に一枚の色紙を贈った。そこには、

永遠の生命　君も 私も 皆も

と記されている。

創価高校を卒業した新子は、母と同じ看護の道を選んだ。活躍の様子が聖教新聞に載ると、池田はその紙面に赤のサインペンで〈いついつも 母が見ている 一生涯〉と書いて届けた。

新子は都内の大学付属病院に八年間勤め、二〇〇六年（平成十八年）、白樺グループ委員長の任命を受ける。池田は「(白樺グループは)妙法で人を救い、医療で人を救い、看護で人々を守っている方《かた》です。これ以上、尊い人はいません」と伝言を贈った。

その年、新子は池田の出席する懇談会に参加した。妻の香峯子が新子の前で足を止めた。「あら、林さんの娘さん？　新子さんじゃない？　目がお母さんにそっくりね」。

驚いたのは新子だった。香峯子はかつて、林栄子の葬儀に池田の名代《みようだい》として参列したが、その時、新子はまだ九歳だったからである。

香峯子の隣を歩いていた池田は、新子に仕事の様子を聞き、「注射は痛くしていないかい？」と声をかけた。その場にいた人々が笑いに包まれた。新子も笑った。笑いながら、かつて小学生の時、池田が懸命に語りかけてくれた「ずっと見ているよ」という言葉を思い出した。母の死から二十一年が経っていた。「池田先生も奥様も、『決して忘れない人』なのだということを、わが身で知りました」。

「おごそかな暁《あかつき》に祈り戦う」

「死を忘れた文明」といわれる現代。多くの「死」は日常生活から切り離されている。日本人のじつに八十パーセント以上が病院や診療所で人生の終わりを迎える。二十四時間、看護師は常にその現場に立っている。

〈真夜中の疲れた　慌《あわ》ただしい自身を
再び燃え上がらせゆかんと

貴女は おごそかな暁《あかつき》に祈り戦う〉

これは、看護の道を選んだ友に池田が贈った長編詩の一節である（「生命の天使　気高き希望の魂！」以下同）。

ある白樺メンバーは、幼いわが子を亡くした母親から「私の子どもを返して」と叫ばれ、すがりつかれ、胸元を叩《たた》かれた。白衣の下が皮下出血《ひかしゅっけつ》していた。「何としても子どもの命を守りたい、という原点の体験になりました」。

◇

「脳出血の父を看取ったことは、看護師としてではなく患者の家族として生死に向き合う貴重な体験となり、私の看護の姿勢を大きく変えました」と白樺会委員長の平栗由美は語る。「目の前の一人のために祈り、最後の最後まであきらめずに尽くし、『次の生への旅立ちのための看護』に徹してきました」。

〈病者《びょうしゃ》を見守る一族と
悲嘆《ひたん》の涙を分《わ》かちながらの
同苦《どうく》の激務《げきむ》を

〈人々は深くは知らない〉

小島明子は「夜勤明けの朝、申し送りの時に担当の患者さんのことが念頭から薄《うす》らいでしまうと、その間に亡くなるケースがある。だから意識のレベルで『生命』を抱きしめておかなくてはいけません」と語る。「すでに意識のない状態で担《かつ》ぎ込まれた患者さんに思わず『こんなところで死んじゃダメよ！』と叫んだこともあります。幸い、その方は蘇生《そせい》することができました」。重篤《じゅうとく》な患者に「生命を必死で引き寄せるような思いで」声をかけてきた。

「『医療の限界』と『自分自身の限界』に直面していた時に創価学会に入り、看護の姿勢が変わりました」と佐々木奈美子は語る。

なによりも「病と闘う患者を尊敬できる」ようになった。「真剣に祈って看護に臨《のぞ》むと、死に直面している患者さんとも持続して向き合えるようになり、患者さんから発せられる言葉も、以前より深い意味を感じるようになりました」。

ある白樺メンバーは、手術を終えた患者の手に触れた時、「あなたが私の心に火をつけてくれたのかい？」と言われてびっくりした。手術中、震《ふる》えが止まらなくなったその患者の手を、心で題目を唱えながら握り続けていた。その患者は「体中に、手の先から電気が流れて温かくなった。あの時の看護師さんに一言お礼を言いたかったんです」と語った。

〈私の手は
多くの人々の尊い生命を
護《まも》る武器である〉

夜勤明けの間際《まぎわ》、容体が急変した患者の緊急手術に遭遇《そうぐう》したメンバーがいる。心肺《しんぱい》停止《ていし》し、万策《ばんさく》尽きたかに思われた時、「まだ大丈夫です」と、手術室のあきらめの空気を一変させたベテランのナースがいた。しばらくして、患者の心機能《しんきのう》は復活した。後日、そのナースは白樺会の先輩だとわかった。

ある白樺メンバーは「心筋症《しんきんしょう》の高齢のご婦人の蘇生が忘れられません」と語る。入院中の患者が急に大きないびきをし始めた。まもなく脈拍《みゃくはく》がふれなくなり、心臓マッサージを始めた。二時間後、駆けつけた家族に医師から重篤《じゅうとく》な状態であることが説明された。ところが、三十分が過ぎた時、脈拍がかすかにふれた。血圧も測定できるようになった。彼女は「帰ってきた！」と確信し、思わず心の中で叫んだ。

その病院の院長は、彼女の懸命な看護を目《ま》の当たりにし、若手の医師たちに「この看護師は魔法の手を持っているんだ」と話すようになった。「俺も長い間医者をやっているけど、あんな状態から脳の障がいも残らず元気になったのは初めてだ」。

蘇生したその患者は彼女に「あんたにいいお婿《むこ》さんが来るまで死ねないねえ」と笑って話し、無事に退院していった。

◇

ナイチンゲールは「良い看護」について〈あらゆる病気に共通するこまごましたこと、および一人ひとりの病人に固有のこまごましたことを観察すること、ただこれだけで成り立っているのである〉と綴り（『看護覚え書』）、「こまごましたこと」が「生死」に関わる、と一貫して訴えている。

病院に、深い昏睡《こんすい》状態の患者が転院してきた。ある白樺メンバーは、家族から「もう一度、私や子どもの名前を呼べるようにしてほしい」と懇願《こんがん》された。床《とこ》ずれが数カ所もできており、全身の状態から望みは厳しいと判断した。しかし、衛生や栄養面など、あらゆるケアを行うことによって改善を試みた。

ある日、シーツ交換をする時、患者の足元にできた、ほんのわずかなシーツのよじれに気づいた。「もしかして足が動くのではないか」と判断し、手足のリハビリを行うことを看護計画に取り入れるよう提案した。足を動かすと、患者の表情がかすかに歪《ゆが》み、声が漏《も》れた。その後、徐々《じょじょ》に関節が曲がるようになった。

さらにその白樺メンバーは「口《くち》から食べられますように」と祈り、懸命にケアをした。やがて口に入れたスプーンをカチカチと噛《か》めるようになり、ついに砂糖水を飲めるまでになった。一年半ぶりのことだった。今度は「はっきり話せますように」と祈り始めた。しばらくしたある日、その患者の家族が目に涙をためてナースステーションに駆け込んできた。「さっき車いすで散歩した時、私の名前を呼んでくれたんです」。

〈私の無音《むおん》の　落ち着いた行動は
病《やまい》と戦い続け　苦しみ抜いている
人々のために　ありたい〉

「一言」が心を蘇《よみがえ》らせる例も数多い。ある白樺メンバーが担当した患者に、頸椎《けいつい》を損《そん》傷《しょう》し、全身の自由を奪われた人がいた。「首から下はまったく動かず、回復の見込みがないことがわかり、次第に表情が消えていった。頻繁《ひんぱん》にナースコールをしては、いら立ちをぶつけ、スタッフ間では『またか』という空気が流れ始めていた」。

この人には気分転換が必要だと判断し、車いすで散歩することを提案した。久しぶりに外気に触れて顔色が一変。彼女は思わず、これからの試練に負けてほしくないという思いから、かつて池田から聞いたアレキサンダー大王のことを語った。〈一切が順風満帆《じゅんぷうまんぱん》の人生などない。肝心《かんじん》なことは、障害に勝つか負けるかである〉〈いのちある限り、希望はあり、希望ある限り、道は開ける〉(『池田大作全集』第七五巻)という一節である。そのとき、初めて患者のかすかな笑顔を見た。

やがて退院の日が来た。その患者は友人の代筆で手紙を書いてくれた。「命の尊さの話、一生忘れません。私も希望をもって生きていきます」という内容だった。

退院から数カ月。彼女のもとに手紙が届いた。〈看護婦さんと話すことは、生きていることの確認でした〉〈弱気になりがちな患者さんを、少しでも多く救ってほしい。自分も同じように障がいで苦しむ人のために関わっていきます〉と書かれていた。

「自分の全細胞《ぜんさいぼう》を一新させるくらいの決意で祈るのです」

〈患者を元気づけ、自信をもたせることは、楽天的な絵空《えそら》ごとをならべて、その場しのぎをすることではない。偽《いつわ》りの安らぎをもたらす言葉の精神安定剤でもない〉——

池田との対談集もあるアメリカのジャーナリスト、ノーマン・カズンズは訴えている。〈文字どおり命がけの闘いのために患者のもつすべての力、すべての資源を呼び集める方法なのだ〉（『ヘッド・ファースト　希望の生命学』春秋社）。

病の友に対して池田は「自分の全細胞《ぜんさいぼう》を一新《いっしん》させるくらいの決意で祈るのです」と語る。「六十兆《ちょう》の全細胞一つ一つの薬王菩薩《やくおうぼさつ》をたたき起こして、発動《はつどう》させるのです」と（『法華経の智慧』普及版〔下〕三〇二ページ）。

「白樺」の友もまた「具体的に祈る」ことを信条にしている。「点滴の一滴《いってき》、一滴に『よく効《き》くように』と祈りを染《し》み込ませるのよ」。そう教わってきたメンバーは多い。「ＮＩＣＵ（新生児集中治療室）担当の時は、小さな体で病気と必死に闘う赤ちゃんたちに、『モニター音が心地よい音楽のように聞こえるように。消毒液《しょうどくえき》が花の香りに感じるように』と祈りながらケアをしていました」と語るメンバーもいる。

〈私の　この細い腕《うで》は
病苦《びょうく》という悪魔を　断ち切る
長剣《ちょうけん》の腕《かいな》である〉

あるメンバーは新人ナースの時代、手術室に配属になった。「今日も先輩に注意された」と反省しながら御本尊に向かう毎日だった。「白樺グループの先輩から『新人なんだから、注意されるのも仕事なのよ。わからないのは当然よ。先輩から指導をうけて成長していくのよ』と教わりました」。

また、あるメンバーがＩＣＵ（集中治療室）に勤務していた時、大柄の男性が内臓損傷《そんしょう》で運ばれてきた。「Ｂさんはとにかく苦痛のあまり体動《たいどう》が激しい患者さんで、人工呼吸器の管《くだ》を抜き取ろうとするので、安全のために拘束《こうそく》されていました」。

彼女は、尊敬する先輩ナースが困《こま》り果《は》てている姿に「自分にはこの人の看護はできない」と思ったが、連日の唸《うな》り声を聞いて放っておけなくなり、ベッド脇《わき》に行って思わず手を握った。「Ｂさん、手、痛かったでしょう。Ｂさん、一生懸命がんばっていますね。顔の包帯で何も見えなくてつらいですよね。今、楽にしてあげますからね」。十分ほど手の固定を外し、赤くなっている手首をさすった。

やがて人工呼吸器が外れ、声が出せるようになった日、騒ぎが起きた。「あの一番きれいな看護婦を呼べ！」とＢさんが大声をあげている。ナースたちは「目が見えないのに『きれい』っておかしいね」と首をひねり、順番に声をかけると、「違う」「お前じゃない」と言われた。最後に残ったのが白樺メンバーだった。

「私の声を聞いたBさんが『この人だ！』と言った時、全員が『えー！』と驚きました。当時、私はアトピー性皮膚炎《せいひふえん》で、顔も手もかさかさで黒っぽくなっており、人に顔を見られるのが恥ずかしいような状態だったのです。その後、Bさんは順調に回復され、やがて一般病棟《びょうとう》に移られました」

◇

患者の「痛い」という言葉一つにも、「この痛さをわかってほしい」と共感を求める気持ちや、「そばにいてほしい」という願い、「これからどうなるのか」という不安など、さまざまな思いが込められている。

末期がんの患者から「さびしいよ」と言われた白樺メンバーは、「他のどの言葉よりも『痛み』や『苦しみ』を感じた」と語る。手を握ってあげるとぐっすり眠ることができ、後日「ありがとう」と言われた。数日後、静かに人生の幕を閉じた。

◇

悪性腫瘍《しゅよう》で入院してきた十代の女の子がいた。「お見舞いに来る友人や弟とはよくしゃべるのですが、病棟スタッフには一言も口をききませんでした」。受け持った白樺メンバーは「Cちゃんが心を開いてくれるように」と祈り、根気よく接し続けた。ひと月後、とうとう「好きな食べ物」を教えてくれ、スタッフ全員が喜びに沸《わ》いた。

他のナースも知恵を尽くしたことで、やがて「おしゃべりCちゃん」と呼ばれるほどになった。

Cちゃんに精いっぱいの思い出をつくってあげたいと考え、四月にはお花見をし、七月には浴衣《ゆかた》を着せ、病院の中庭で花火大会を開催した。Cちゃんは、その後まもなく亡くなった。「後日、お母さんから『娘が生きてきて、あんなに楽しそうな笑顔は入院中にしかなかった。あの子にとって一番楽しい時期だったと思います』と感謝され、涙がこぼれました」。

「声」は「腕《うで》の延長」

人工呼吸器をつけ、すでに意識がないと思われている患者の家族が面会に来た。しかし患者に近づこうとしない。どう接していいのかわからないようだった。「私が声をかけながらケアしていると『話しかけていいのですか? 聞こえるのですか?』とご家族から尋ねられました」。

その白樺メンバーは「眠っているように見えますが、耳は聞こえるんですよ。話しかけてあげてください」と説明した。家族は涙を流し、患者のそばで声をかけるようになった。また、ナースの励ましを聞き、家族の声を聞き、患者が涙を流した――数えきれないほどの「白樺」の友が、似たような体験をしている。

池田は〈声が体に届く〉という表現は〈比喩《ひゆ》ではない〉と強調する。〈たとえば、子どもが車道に飛び出そうとしたら、思わず「危ない！」と声をかけるだろう。その声は全速力で子どもの背中に届く。子どもを必死で抱き寄せようとする腕《うで》の延長になっている〉（二〇〇四年四月十一日付「聖教新聞」）。「病院の屋上から飛び降りようとしたけど、あなたの声を思い出して足がすくんだのよ」。そう言われた白樺メンバーもいた。

◇

また、臨終《りんじゅう》が迫《せま》り、意識を失った患者の枕元で、集まった家族が遺産相続の言い争いなどをすれば、胸のつぶれる思いがすると語るメンバーもいる。「経験上、意識がないように見てとれる患者さんにも『すべて聞こえている』『すべてわかっている』と考えて接することが大切です」。

一年前に退院した女性患者が、意識不明に陥《おちい》り、再入院してきた。白樺メンバーが声をかけると「はい」と言い、目を開けた。病室に集まっていた親族たちは驚嘆《きょうたん》し、患者の娘がその白樺メンバーの名前を確かめた。「ああ、あなただったんですか！

母は意識のないなかで、ずっとあなたの名前を呼んでいたんです」。

彼女らの看護体験は、命の不思議を明かしてくれる。「意識のない患者」の看護は、その最たるものだ。

◇

ある白樺メンバーは、入院した時から意識のない女性患者との出会いが忘れられないと語る。「毎日Dさんの名前を呼び、声をかけながら体を拭《ふ》き、手足をマッサージしていました」。一週間ほど昏迷《こんめい》状態が続いた後、意識が戻った。「Dさんに『お元気になられたの？』と声をかけたら『いた！　探していた人がいた！』と言われたのです。『ずっと私のことを呼んでいましたよね？』『その声に返事をしなくては！　といつも思っていたんです』と言われ、感動で鳥肌《とりはだ》が立ちました」。

◇

脳外科《のうげか》病棟で勤務していたメンバー。「Eさんは、脳腫瘍《のうしゆよう》が再発し、手術後の経過が悪く、意識不明瞭の状態が続きました」。そんなEさんに呼びかけた。「Eさん！　手術したんだから良くなりますよ！　良くなって、また話をしましょうね！」。

それから数週間、声をかけ続けた。準夜勤の日、昼からの申し送りで「Eさんの状態が良い」と聞いた。ぼんやりしていた目も、人を見つめるようになった。ところが、看護師に対して「あんたじゃない、あんたじゃない」と言い、誰かを探しているという。

彼女が病室に行き、Eさんの体の向きを変えようとした瞬間、「あんただよ。あんた、優しくしてくれたろ?」。驚いた彼女は思わず「Eさん、私のことわかるの?私を探してくれてたの?」と聞き返した。

◇

ある白樺メンバーが脳外科病棟で働いていた時のことである。「F君という男の子がいました。交通事故で脳出血を起こし、救急病院に入院後、もう回復の見込みがないだろうと判断され、転院してきました」。

自発呼吸もできない息子のもとへ、母親は毎日のように通った。『『もう一度、お母さん、と呼んでほしいんです』と言われました。お母さんはF君に朝から晩までヘッドホンで音楽を聴《き》かせていたので、お母さんとも相談して、私がいつも聴いていた、母を讃《たた》える歌もご紹介しました」。

転院からひと月後。まったく動かなかったF君の口がかすかに動いた。言葉が話せますように。手が動きますように。意識が回復しますように。彼女は具体的に、順番に祈り続けた。F君は自発呼吸できるようになり、音楽に合わせて足が動くようになった。さらに母親の呼びかけにうなずくようになった。やがて車いすでリハビリを始め、退院していった。

数カ月後、彼女はF君と母親に「入院中、F君はこのテープも聴いていたんですよ」とカセットテープを聴かせた。テープを聴いていたF君が不意に「ぼく、この曲知ってるよ」と言った。「いい曲なんだ。心が静まるよ」。そしてメロディーに合わせて口ずさんだ。「びっくりしました。お母さんも、母親の豊かな力を歌いあげる内容に感動しておられました」。その白樺メンバーはF君から「マラソン大会に出るから来てほしい」と言われ、応援に行った。「F君は全員が走り終わった後、最後にゴールしました」。彼女は掌《てのひら》が痛くなるまで拍手を送った。

「永遠に　お元気で」

医師の大谷育夫が、創価大学で行われた集いに参加した時のことである（一九八一年五月三日）。「大学構内で、思いがけず池田先生とお会いしました」。池田は大谷を懇談会に誘った。気さくに声をかける池田に、大谷はここ数日、思いつめていたことを話した。

「悪性リンパ腫《しゅ》を患《わずら》っていたGさんという四十代の女性のことが気になっていました。知り合いの創価学会員さんで、池田先生を慕《した》い続けている人でした」

抗《こう》がん剤を投与し、一度はがん細胞が消えた。しかし半年後に再発。肺、腹膜《ふくまく》、腸《ちょう》に転移していた。「もう、医師が何をやっても効果はないのだろうか」。大谷は池田に「死の淵《ふち》に立つ彼女に、何と言ってあげればいいのか言葉が見つかりません」と胸の内を告げた。「先生は、じっと聴いてくださいました」。

池田は、そばにあった写真集『ある日ある時 第二集』を手に取った。完成したばかりのその写真集にペンを走らせ、大谷に託《たく》した。

大谷が地元に戻ったのは夜の九時過ぎだった。「Gさん、池田先生があなたに揮毫《きごう》を書いてくださったよ」。池田から預ってきた写真集を手渡した。「Gさんは表紙を開き、しばらく見つめておられました」。その写真集の見返しには、池田の勢いのある筆致《ひっち》でこう綴られていた。

永遠に　お元気で

Gさんは大谷に言った。「わかりました。もう一度元気になって、池田先生にお礼を申し上げに行きます」「もうすぐ先生が海外歴訪《れきほう》に出発されると聞きました。帰国される時、元気になって成田空港にごあいさつに行きます」。

大谷は「その時点でGさんは、あと一週間生きていられるかどうかという状態でした」と振り返る。六日後の五月九日、池田は海外歴訪に発《た》った。「Gさんの症状は一進一退を繰り返しました」。春が過ぎ、やがて暑い夏が訪れようとしていた。

「七月八日、Gさんは眠るように逝《い》かれました。亡くなった時間は、ちょうど池田先生が二カ月の海外歴訪を終えて、成田空港に到着された時間でした。Gさんは、たしかに先生が帰国されるまで寿命を延ばされ、先生との約束を果たされたのです」。九十二歳の大谷は、頰《ほお》に伝《つた》う涙をぬぐいながら語った。

◇

二〇一三年（平成二十五年）の夏、二十七年の人生を終えた田中佳子も、池田の励ましを胸に青春を力いっぱい駆け抜けた白樺グループの一人である。

北海道に生まれた田中佳子は、札幌創価幼稚園に通い、母と弟が喘息《ぜんそく》で苦しむ姿を見て育った。「人のために生きなさい」。母の久美子は口癖《くちぐせ》のように佳子に言い聞かせ、ナイチンゲールの伝記を贈った。

北海道の札幌創価幼稚園を訪れた池田。見上げる中央の少女が田中佳子（1991年8月）©Seikyo Shimbun

看護学校三年の時、佳子は原因不明の高熱に襲《おそ》われる。大切な看護師国家試験を前に二カ月間、休学せざるをえなくなった。「池田先生から伝言が届いたのは、姉が自暴自棄《じぼうじき》になりそうだった時でした」（弟の田中雄也）。

そのころ、聖教新聞に一枚の写真が載《の》った。札幌創価幼稚園を訪れた池田が、園児《えんじ》たちに声をかけている写真だった。その新聞を見た池田は、赤のサインペンで写真にマルをつけた。「この五人はどうしているだろうか」。かつての園児たちの近況を尋ねた。五人のうちの一人、小旗《こばた》を掲げる池田をじっと見上げている園児が佳子だった。佳子のもとに池田から箴言集《しんげんしゅう》『女性に贈ることば３６５日』

（海竜社）が届いた。「姉にとって何よりも励みになりました」（田中雄也）。

◇

体調が回復した佳子は、看護師試験に合格して上京。都内の大学病院に勤め、循《じゅん》環器《かんき》科・神経内科の混合病棟に配属された。毎年、看護師の十人以上が入れ替わるハードな職場だった。〈願って入った職場ではありましたが、生死に直面する毎日は想像以上に厳しく、何度も看護師を辞めようかと考える日々でした〉（田中佳子の手記）。

白樺グループの会合で、先輩の星新子と話す機会があった。星から「患者さんのために祈ろう」「病院に福運が集まるように祈ろう」と教わり、「目の覚めるような感動」を覚えた。後年、佳子は家族宛てのメールに「今いる職場で頑張っていこう」と決意したのはこの会合だった、と綴っている。

病棟のカンファレンス（＝問題を解決するための話し合い）でも知恵を絞《しぼ》った。患者への対応、職場の雰囲気が良くなり、上司から「これが本当のチーム医療だね」と評価された。医師や看護師、患者が使用する共同トイレには、希望が湧《わ》くような言葉や自分で考えた言葉を貼《は》った。――私たち看護師にとっては疲れた夜勤明けでも、患者さんにとっては新しい一日の始まり――「あのトイレに行けば元気になる」と院内で評判になった。

定期検診で白血球《はっけっきゅう》の異常がわかったのは、一二年（同二十四年）一月だった。急性《きゅうせい》骨髄性《こつずいせい》白血病と診断された。北海道に戻り入院。闘病生活が始まった。

抗がん剤を使うと、強い吐《は》き気に襲われる。「吐き気止めの薬は三時間ほど効きます。その時間を食事や入浴などに使う患者さんが多いのですが、姉は友人との対話に使いました」（弟の田中雄也）。佳子は入院後、幼なじみの友人へ弘教を実らせている。

放射線治療、弟の雄也からの骨髄移植《こつずいいしょく》を経て、自宅療養の最中には、雄也の住む神奈川を訪れ、学生部のメンバーに自らの体験を語った。池田の第三代会長辞任直後、白樺グループとの懇談がもたれた神奈川文化会館である（第六章に詳述）。「先生ご自身が最も苦しい時期に大書《たいしょ》された『正義』『共戦』の揮毫を、姉は瞬《まばた》きもせず、じっと見つめていました」。

◇

一三年（同二十五年）五月、勤務先の病院から職場復帰を請《こ》われた。だが、それは叶《かな》わなかった。白血病が再発していた。六月末、再入院の日に化粧をし、普段着姿で家族と記念写真を撮った。「普段着でいられる最後だということを、姉はわかっていたのかもしれません」（田中雄也）。

闘病中に励ました友人の数は三〇〇人を超える。ある未入会の友人に送ったメールには「生まれたときから、みんな平等に死に向かって生きているんだよ」「どう命を使っていくのかが明確な人と、明確ではない人とでは、人生がまるで違うよ」と書いて送った。

七月十七日の朝、佳子は「勤行しよう」と言った。両親と三人で唱題を終えると、ベッドから身を起こした。「みんな待ってるから、早く行かなきゃ」。衣服をすべて着替えた。「お化粧しなくちゃ」と言い、力が入らずベッドの上で座っていられない身体を、父の伸二が後ろから抱きかかえるようにし、母の手をコンパクトに見立て、ファンデーションを塗《ぬ》る仕草《しぐさ》をした。すべて準備を終えた後、横になった。午後一時過ぎ、大きく深呼吸をして、静かに息を引き取った。

佳子の訃報《ふほう》を聞いた弟の雄也は、神奈川から札幌へ向かった。「両親が心配でした」。自宅に着くと、地元の学会員が二十人ほど集まり、両親と一緒に追善《ついぜん》の題目をあげていた。「本当に創価学会は温かい団体だと思いました」。

通夜と告別式には四五〇人が参列した。「火葬場《かそうば》の職員に『放射線治療と抗がん剤治療をしていたんです』と話すと『本当ですか？　そんな治療を受けた方の骨には見えません』と驚かれました」。佳子の骨は、米粒《こめつぶ》ほどの小さな小指の先まできれいに残っていた。

「生き生きと『永遠の希望』をもって生きるために、今、仏法を学んでいるのです」と池田は語る。「やがてくる死を、堂々たる『人生の完成』の時とするか。それとも、みじめな『人生の崩壊《ほうかい》』の時とするのか。それはひとえに、この一生を、この『今』をどう生きたのかで決まってしまうのです。その意味でも、まさに『臨終《りんじゅう》』は、『只《ただ》今《いま》』にあるのです」(『法華経の智慧』普及版〔中〕四八一㌻)。

◇

佳子が亡くなる三カ月前、創価大学看護学部が誕生した。池田は同学部に三つの指針を贈った。雄也は、その指針が刻まれた銘板《めいばん》の写真を、病床《びょうしょう》の佳子に送っている。

「これ、本当に見たかったんだ」。佳子は声を弾ませて喜んだ。

創価大学の学生の力になりたい。そう願ってやまなかった田中佳子の名を冠《かん》した桜が、一三年(同二十五年)十月、看護学部棟の目の前に植樹された。

今年、五度目の春を迎えた。

(看護体験は個人情報保護のため、一部変更して記述しました。また、時代とともに医療現場を取り巻く環境が変化していることも、ご了承ください)

信仰を貫く女性たちに当てられた主役の光

辛《シン》淑《ス》玉《ゴ》（人材育成コンサルタント）

昔から、企業の「××年史」などというものを送ってもらうたびに、ため息が出た。企業にとってマイナスの歴史は、そのほとんどが記録から抹消《まっしょう》され、華々《はなばな》しい企業戦士の物語だけが、平板《へいばん》に書き連《つら》ねられているばかりだったからだ。

その中に、女性の存在を見いだすことはほとんどできなかった。生産の中には女など、まったくいないかのように、その存在を消されているのだ。

企業だけではない。郷土史《きょうどし》の中でも、女性が主役になっているものはほとんどない。考古学者の故・佐原真《さはらまこと》さんは、「女性の視点で、考古学を、歴史を、再構成しなければならない」と言い残して天に旅立った。これは、男が作ってきた歴史書と、考古学の現場から出てくる事実があまりにも違いすぎるために、男の嘘《うそ》がバレるということと、どんなに誠実に記録したとしても、その時代の文化的偏見《へんけん》からは逃《のが》れられないということを示している。そしてそれは、宗教も同じだ。

宗教における社会的評価は、いつも「男」に持っていかれた。男が教え、男がマネージメントをして、女が下働きをする。多くの教えが男の手によって解釈《かいしゃく》され、文書化され、歴史に刻《きざ》まれる。そこには、無意識のうちに女性差別の視点が入り込んでくる。

名もなく、貧困《ひんこん》や差別の中で、地べたを這《は》いずるようにして、歯を食いしばり、信仰を貫いた女性たちに、信仰の主役として光が当たることがあっただろうか。手に取る宗教関係書の多くには、女はいつも、愚《おろ》かで、教え導かなければならない存在として描《えが》かれている。

私は、立派な聖職者とか立派な信仰者といった男たちの像は、男が作った幻想《げんそう》だと思っている。

本当に抑圧《よくあつ》されたものは、不出来なのだ。決して、社会が望《のぞ》むような美しい弱者ではない。苦しみ抜いて、試行錯誤《しこうさくご》をして、人を傷つけ、自分も傷つく中、信心を糧《かて》に、なんとか死なずに、殺されずに、生き抜いてきたのだと思う。その姿を、美しいと私は思う。

そんな人たちが自らの支えとする信心の向こうにいる人、宗教者として一緒に歩こうという先輩が、池田名誉会長なのだろう。池田氏は、ひらがなで語り、恐れるものはないよ、と背中を押し、自分も先輩の後ろを歩いているんだよと語りかける。その声に応えるように、社会からの批難や偏見、貧困、病《やまい》を克服《こくふく》して立ち上がっていく女性の姿がカッコイイ。

彼女たちの紡《つむ》ぐ一つひとつの物語は、「母」というのが、単なる性的役割分業《ぶんぎょう》を表す言葉ではなく、人は誰でも皆、母から生まれたということ、そう、人間の基本に「母」がある、ということなのだと思う。「母の合掌《いのり》」は、単なる教えを請《こ》う「女」の祈りではない。行動し、闘う、信仰の強さがそこにはある。

そして、この本（『民衆こそ王者』第三巻）の価値は、ここに登場する一人ひとりの女性に名前があり、顔があることだ。一人ひとりの出来事と思いが、可能な限り事実のままに受け止められ、記録されたことだ。

もし、この本を他の言葉で呼ぶとしたら、それは「近代の聖書」なのではないだろうか。だからこそ、次は創価学会の女性の手と目で、この聖書の解釈がなされることを期待したい。

「白樺」に込められた思いと看護の耀き

江川隆子《えがわたかこ》（関西看護医療大学学長）

『民衆こそ王者』第七巻で、看護の現場で奮闘《ふんとう》する創価学会員の方々の体験と池田大作名誉会長の励ましのドラマを読ませていただきました。

私も十八年あまりの看護師経験がありますので、ここに描かれている方々と同じように、医療現場で、途方もない落胆《らくたん》や湧《わ》き上がる喜びを経験してきました。ですから、すべてが理解でき、共感できました。これは看護師が共通して持っている感動であり、絶望であり、ひとつの世界観であると思います。

看護師は日々、仕事の中で生と死という厳しい現実に向き合っています。生命というのは言葉にできないくらい複雑で難しいものです。理解しようと思っても、理解できない。看護師は、その〝理解しがたい〟ということを、理解しようと努め続けなければならない職業といえます。そこにはやはり人間としての芯《しん》の強さが求められます。

そうした看護に携《たずさ》わる人々のグループに「白樺グループ」「白樺会」と命名されたことには、池田先生の深い思いが込められていると感じました。「強い生命力」を持った白樺の木は、まさに看護師そのものだと思うからです。

そして、看護師を形容することにあえて加えるとすれば、「華」が必要であると思います。「華」はきらびやかで派手《はで》ということではなく、内面から放つ輝きという意味です。「華」を持っていないと人はついてきませんし、患者さんも、輝いている人から受けるケアに、なんともいえない温もりや、生きる力をもらうものです。そしてその輝きとは、内面にある「心の強さ」からにじみ出てくるものだと思います。

では、そんな心の強さを培《つちか》うにはどうしたらよいのでしょうか。

それはまず、「自分を好きになること」だと、私は思います。自分を大切にしてこそ、人々に寄り添い、助けたいという気持ちが湧いてくると思うのです。

もっといえば、諦《あきら》めないで一つのことを追求する。そうした積み重ねによって、強い心を持って看護の現場に臨めるようになっていくのではないでしょうか。

私は、看護教育の中で「生命は本当に崇高《すうこう》なもの」ということを、学生に理解してほしいと願っています。

それは、座学《ざがく》からだけでは決して得られません。患者さんと接して、初めて分かることですから、私が学長を務める関西看護医療大学では実習を重視しています。本学で徹底しているのは、学生五人に対し、教授など教員が一人、実習について行くことです。そこにある感動を、教員が学生に感じさせることが大切なのです。そうすることで、学生は実習後に輝いてきます。患者さんに接することで教えられることはあまりにもたくさんあります。看護師は患者さんに育てられる、とさえ言えるかもしれません。本書に描かれている、看護師の感動的な体験に共通しているのも、患者さんに教えられる生命の尊厳《そんげん》や不可思議《ふかしぎ》にあると思います。

私はナイチンゲールの考え方を尊敬しています。人間は平等であること、公平な見方、その人の生命力が発揮できるように助けること、諦めない、祈ること……。この本を読んで、それは、池田名誉会長の人々への思いの中にもあるように思いました。

看護に携わる人は、広い視野を持ち、知識を蓄積《ちくせき》するなど、常に自分を高めようとする意識を持つことが求められます。また、時には反省することも必要で、それが傲《ごう》慢《まん》にならないことにつながっていきます。嫌《いや》なことを嫌、と言える聡明《そうめい》さも持っていなければなりません。その意味で、創価大学の看護学部からも、池田名誉会長の精神を継承《けいしょう》し、聡明で芯の強い看護師が続々と輩出《はいしゅつ》されることを願っています。

◆小説『人間革命』『新・人間革命』とのおもな関連

（各巻の概要は創価学会公式サイトなどから）

■第１章　「母」の歌の誕生

・『新・人間革命』第24巻（「母の詩」）

1976年（昭和51年）9月5日、東京文化祭に出席した山本伸一は、彼の詩に曲をつけた「母」の歌の調べに耳を傾けながら、世界中の尊き母たちへ感謝の祈りを捧げるとともに、病床にある彼の母・幸を思い、心で唱題した。2カ月余り前、危篤状態に陥り、奇跡的に一命を取り留めた母は、伸一に語った。「皆さんが待っておられるんだろう。私のことはいいから、心配しないで行きなさい」と。その母の心を体して、この日も、崩れた5段円塔に再挑戦した男子部員らに励ましを贈るなど、奮闘し抜いてから母のいる実家へ。苦労に苦労を重ねてきたが、「日本一の幸せ者」と言い切った母。翌朝、母は、安らかに霊山へ旅立つ。

■第３章　昭和56年――大分、熊本

■第４章　昭和57年――秋田、茨城

・『新・人間革命』第30巻（「勝ち鬨」）

1981年（昭和56年）12月8日、伸一は〝邪心〟の僧らによる、どこよりも非道な仕打ちを受けた大分の同志のもとを訪れ、激励。大分青年部幹部会に出席し、席上、「青年よ 二十一世紀の広布の山を登れ」を発表する。12日には竹田市の岡城址を訪れ、集まった友へ渾身の激励を重ね、一路熊本へ。寸暇を惜しんで求道の友と会い、9日間にわたる九州指導を終える。1982年（昭和57年）1月10日には、秋田へ。秋田もまた「西の大分」「東の秋田」と言われるほど、激しい迫害を受けてきた地域であった。伸一は、秋田文化会館へ向かう道中、何度も車を止め、沿道の友を励まし、記念のカメラに納まる。2月になると、茨城へ。全国各地で師弟共戦の勝ち鬨を轟かせていく。

■第５章　先駆樹――「白樺」に込めた祈り

・『新・人間革命』第14巻（「使命」）

1969年（昭和44年）は、広布の緑野に、多彩な使命の花が、新たに咲き始めた年であった。まず、女子部の看護婦（現・看護師）メンバーによる白樺グループが結成。「生命の世紀」へ飛翔を開始した。

■第６章　師弟——逆風に立ち向かう力

・『人間革命』第４巻（「怒濤」）

連合国最高司令官総司令部（GHQ）が実施した「経済安定９原則」は民衆の生活を揺るがす。そのあおりで戸田城聖の事業も悪化し、伸一が携わる少年雑誌も休刊。戸田は出版から金融業に転じるが、経営は逼迫《ひっぱく》し、彼は学会の組織に迷惑が及ばぬように学会の理事長を辞任する。その戸田を助けて、一人、懸命に奮闘したのが山本伸一であった。伸一は詠《よ》む。「古《いにしえ》の奇《く》しき縁《えにし》に仕へしを人は変れどわれは変らじ」——1949（昭和24）年から1951（昭和26）年にかけての苦境下に織り成された、この師弟不二の秘史は、後の学会大発展の淵源となっていく。

■第７章　献身の日々——関西・東北

・『新・人間革命』第30巻（「雄飛」）

1980（昭和55）年４月、第５次訪中を果たした伸一は、帰途、長崎へ。広宣流布に生きる師弟の精神を絶やしてはならないと、反転攻勢を開始し、福岡、大阪、名古屋などで記念勤行会や、各種の会合に出席し、同志を全力で励ます。

■第８章　生と死の現場から

・『新・人間革命』第27巻（「若芽」）

1978（昭和53）年４月９日、東京創価小学校が武蔵野の地に誕生し、第１回入学式が晴れやかに行われた。小学校の開校によって、幼稚園から大学院までの創価一貫教育の城が完成する。創立者の伸一は、入学式前日に小学校を訪れ、校内を視察。翌日の入学式後にも児童たちと記念撮影、記念植樹をし、昼食を共にして祝福する。伸一は、折あるごとに小学校を訪問し、母子家庭や経済的に大変な家庭の児童、障がいのある児童らと自ら会い、抱きかかえるように激励。運動会、児童祭にも出席する。

第一章〜第四章　『民衆こそ王者Ⅲ』
第五章〜第八章　『民衆こそ王者Ⅶ』
識者の声　『民衆こそ王者Ⅴ・Ⅷ』

文庫化にあたり、修正・加筆しました（一部、敬称を略しました）。

文中の年齢、肩書き等は連載時のものです。また、引用文中のルビは編集部によるものです。

御書の引用は、『新編日蓮大聖人御書全集』（創価学会版）を（御書　ページ）と表記しました。

USHIO
WIDE BUNKO
002

『民衆こそ王者』に学ぶ
婦人部 母たちの合掌《いのり》

二〇一八年五月二十日　初版発行
二〇一八年八月二十四日　三刷発行

著　者　「池田大作とその時代」編纂委員会

発行者　南　晋三
発行所　株式会社　潮出版社
〒102-8110
東京都千代田区一番町6一番町SQUARE
電話／03-3230-0781（編集部）
03-3230-0741（営業部）
振替／00150-5-61090
印刷・製本　中央精版印刷株式会社

ISBN978-4-267-02142-8 C0195

[http://www.usio.co.jp]